# 小さいことにくよくよするな!

DON'T SWEAT THE SMALL STUFF with your family

# 2

リチャード・カールソン 著　小沢瑞穂 訳

まず、家族からはじめよう

Take It as It Comes

1
2
3
4
5

サンマーク出版

この本を私の家族、クリス、ジャズィ、ケンナに捧《ささ》げる。
きみたちと人生を共有できて幸せだ。
ありのままのきみたちでいてくれてありがとう!
そして「小さいことにくよくよする」私を、許してくれてありがとう。

# 謝辞

私を助け、「小さいことにくよくよしない」コツを学ばせてくれた家族と友人たちに心から感謝したい。

とくに妻のクリスは私を大いに励まし支えてくれた。彼女は無数のアイデアを提供してくれただけでなく、じつによく実践した。

出版業界きっての編集者、レスリー・ウェルズと、つねに私を助けてくれたパティ・ブライトマン、リンダ・マイケルズにも感謝する。

あなたがたと仕事ができてうれしかった。

最後に私にかわってさまざまな仕事をこなしてくれたハイペリオン社のヴィッキー・チュー、ジェニファー・ランダース、ジェニファー・ラングのみなさん、心からありがとう。

# はじめに

相手が子供、妻や夫、両親、親戚《しんせき》、ティーンエイジャー、兄弟姉妹、またはその組み合わせのいずれにしても、「家族の力学」はかなり厄介だ。

なれ合い、日々の習慣、期待、犠牲心、ケンカのタネ、いさかい、責任といった「家庭のもろもろ」はストレスの源になる。それに加えて家族のメンバーは、あなたの急所をだれよりも知っている。この家族の力学にすべての責任と家の雑用——請求書、皿洗い、掃除、ゴミ捨て、薄い壁、庭仕事、電話、ペット、近所づきあい、クリーニング屋、騒音などなど——を加えれば、ノイローゼ寸前というところだ。

ここは一つ正直になろう。家族の一員であることは特権だし喜びでもあるが、万事うまくいっているときでさえ、厄介なことはたしかだ。家族関係を充実させたければ、忍耐すること、小さなことにカッとしないことを学ばなければならない。家族と家庭生活には、さまざまな困難がつきもの。だから家の中の小さいことにくよくよしていれば、いずれ神経がまいってしまう。私にとって、これはとても重要なテーマだ。なにしろ家庭の調和と、こっちの精神状態がかかっているのだから。

この本を書いた目的は、家族と家庭にもっと気楽に対応していただくためだ。ここで紹介する戦略は、ごくごく一般的な不満を解消し、日常の忙しさにかまけて見失いがちな家庭生活の喜びを取りもどすためのヒントだ。あなたの視点、忍耐、知恵を高めるように考えたこれらのヒントを実践すれば、家庭生活をもっと優雅に、感謝して送れるようになるだろう。

家庭内の小さいことにくよくよしないコツを身につけると、とてつもない強みになる。いらだちや欲求不満にエネルギーを浪費せず、楽しみや愛情や生産性にふりむけることができる。小さいことにくよくよしなくなると、家庭が喜びの源に感じられ、肩の力が抜けてもっと楽に生きられるようになる。肩の荷が下りるのを感じると、人生はますます調和がとれたものになる。その穏やかな感情は、家族一人ひとりに伝わっていく。

客観的な見方を保ってあまりピリピリしなくなると、日常のストレスが薄れていく。ほかの人たちの無邪気さが見えるようになり、前は頭にきていた相手のふるまいも許せるようになる。それによって家族との親近感がまし、個人としても前より穏やかになれる。すると自分にも寛容になり、「こうでなければ」と自分をしばっていたものから解放される。心に愛情があふれ、その愛を周りの人たちと共有するようになる。その結果、こうありたいと願っていた自分が前面に押し出されてくる。

『小さいことにくよくよするな！』（邦訳：小社刊）を書いたことで、「あなたの家庭はいつも穏やかなんですか？」と多くの人から聞かれた。じつを言うと、そうではない！

『小さいことにくよくよするな！』が本屋に並んだときから、娘たちは私に向上の機会を与えつづけている。いまとなっては逃れる道は一つもない。

たとえば、私が家でなにかにいらついたり不機嫌になるたびに、末娘のケンナが私の本を持って家中を駆けまわり、「小さいことにくよくよしちゃダメよ、ダディ」と叫ぶのだ。八歳の長女のジャズィはもっときつい。ストレス解消をテーマにした講演旅行に出発する日、私は彼女と一緒に朝食をとっていた。「なごやかな会話」をしていたのに、なにかのはずみで私がお説教を始めた——それは彼女が大嫌いなことだった。途中でジャズィは立ち上がり、両手を腰にあてて皮肉たっぷりにこう言った。

「ちょっと、ダディは本当にみんなにリラックスする方法を教えてるわけ？」

娘の言うとおりだと私は思った。私はだれよりも自分の家族に対して「小さいことにくよくよ」していたのだ。あなたもそうに決まっている。

家族や家庭のことに関して、百点かそれに近い点がとれる人はどこにもいない。いらだちやかんしゃくはつきものだが、かなり改善することはできる。家族や家庭の責任に対する態度を大きく変え、個人としても家族の一員としても人生の質を向上させることができる。

「小さいことにくよくよしない」という願望は、数百万の人たちの最優先順位になっている。

もっとリラックスして穏やかな人になれれば、家族や愛する人たちをないがしろにする癖から脱皮できるだろう。家族という贈りもの、人生の贈りものに感謝するようになるだろう。ここにあげたアイデアを日常に取り入れれば、より穏やかで愛情あふれる家庭になるだろう。

あなたとあなたの家族に心からの愛を贈り、幸せを祈っている。

# 小さいことにくよくよするな！②

目次

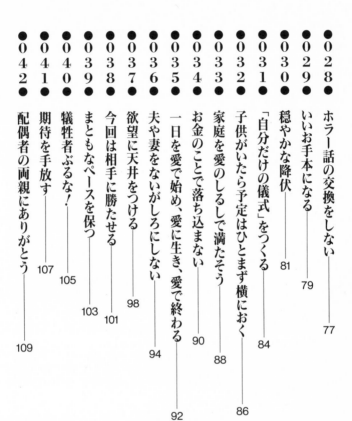

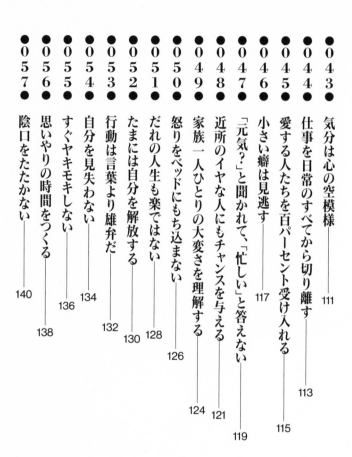

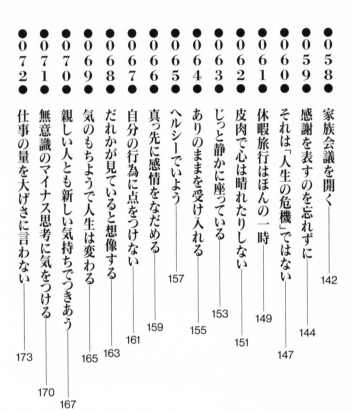

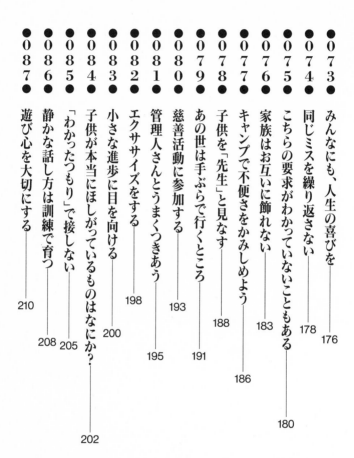

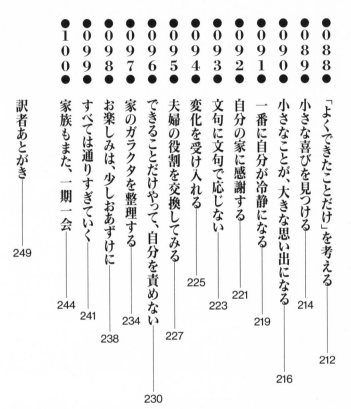

装幀――――――――亀海昌次
本文レイアウト――――舟木　哲

●001●

# 前向きな気分環境をつくる

一定の好条件のもとで生い茂る庭と同じに、あなたの家庭も前向きな気分環境をつくればスムーズにいく。

ちょっとした事件や状況の変化にいちいち動揺せず、つねに前向きでいることがストレスや争いを回避するコツだ。

自分と家族にとって理想的な気分環境を見つけるために、こんな自問をしてほしい。自分はどんなタイプの人間か？　どんな環境なら楽しめる？　もっと平和な家庭を求めているか？　こういった自問は、前向きな気分の確立に欠かせない。

どんな気分の家庭にしたいか、それは外部の条件ではなくあなた自身の好みしだい。たとえば家具の配置、壁紙やカーペットの色は気分と大いに関係があるが、決定打ではない。あなたの気分環境は、騒音レベル、活動のせわしなさ（みんな首をはねられたニワトリみたいに飛びまわっていないか？）、お互いに対する敬意、腰をすえて話を聞く姿勢があるかどうかで決まる。

私の家を例にあげると、穏やかで落ち着いた環境を保つことを家族の目標にしようと決めた。その目標に届かないことが多いが、みんながそれぞれに努力している。家族で一緒に過ごすのは大好きだが、それぞれにひとりでいる時間も大切にする。ひとりでいることは楽しいと前向きにとらえると、騒音や慌ただしさに敏感になり、家族のだれかが静けさやひとりきりの空間を求めているときには察するようになる。

ほかにも、むやみにせかすことを最小限に抑えようとつとめている。子供たちはまだ八歳と五歳だが、家族として暮らしながら個人の意志を尊重しようと何度も話し合った。たとえば、私が一度になにもかも片づけようとせかせかする癖が出たときは、ペースを落とすよう私に注意していい、と子供たちに言ってある。二人ともわが家にはゆったりしたペースが必要だとわかっていて、私がそれに違反したときは注意できると知ってほっとしている。

もちろん、理想の気分環境は家ごとにちがう。どんな環境が好みかじっくり考えてみれば、それを改善するにはどうすればいいかがわかってくる。これには忍耐がいる。あなたのいまの気分環境が何年もかかってつくられたものだとしたら、新しい環境をつくるにはそれなりの時間がかかるかもしれない。

だが長い目で見れば、この戦略は大いにむくわれると確信している。

●002●

# 十分間の余裕をみる

最大のストレスはなんだと聞くと、家族のほとんどが「遅刻しそうになること」をあげる。

サッカーの試合、仕事、飛行機に乗る、近所の人たちとのピクニック、学校、教会——目的地がどこだろうと、ほとんどの人が出かけるのを引き延ばしてちょっと遅れてしまうようだ。

だれかを待たせていること、予定が遅れることがいつも頭にあるのは大きなストレスになるが、これがまたひんぱんに起きるのだ。その結果、車のハンドルを握りしめ、遅刻したらどうなるかを心配して肩こりがひどくなる。時間に遅れるのはストレスのもと、小さいことにくよくよするもとだ。

このごくありふれた悩みは、自分と家族に十分間の余裕を与えれば簡単に解決できる。目的地がどこだろうと、出かけるのをぎりぎりまで延ばさずに十分前に着こうと自分に言いきかせる。

もちろん、カギは早めに外出の支度をすることにある。この単純な戦略に私がどれほど救われたか、とても言葉では言えないほどだ。

ぎりぎりの時間に娘たちの靴や自分の財布を捜しまわるかわりに、たっぷり余裕がとれるようになった。そんな十分間なんてたいしたことはないと言わないで――じつはたいしたことなのだ！ なにかを始める前やそのあいだの数分の余裕は、ストレスだらけの日と楽しい日の分かれ道になる。おまけに、遅刻しないとわかれば、日常のさまざまな活動に追われることなく楽しめるようになる。あたふたしなければ、ごく平凡な活動が愉快な出来事に変わる。

一つのことを終えたら、少し早めに次の活動に移ろう。できれば活動の合間にちょっと余裕をみたスケジュールをたてよう。予定を詰め込んではいけない。なにもしない空白の時間を入れること。

この戦略を実行すれば、人生がゆったり流れることに驚かれるはずだ。あたふたして生まれるプレッシャーは、穏やかで落ち着いた気分に変わっていくだろう。

## ●003● ハッピーな配偶者はあなたの味方

あまりにもわかりきった事実なので、これについて書くのをためらうほどだ。だが、この戦略の目覚ましい効果を利用しない夫婦があまりに多いのに気づいた。あなたの夫や妻がハッピーで、自分が感謝されていると知っていれば、きっとあなたの味方になってくれるはず!

その反対に、配偶者が不幸せだったり利用されているだけだと感じていれば、「こいつの味方になどなってやるもんか」と思うのは当然だ。

ここで明言したいが、配偶者を幸せにするのはあなたの責任だといっているのではない。自分を幸せにするのは妻や夫それぞれの問題だ。ただし、配偶者が感謝されていると感じるかどうかは私たちにかかっている。自分のことを考えてみてほしい。あなたは妻や夫がしてくれることに心から感謝したことがどれほどあるだろう? そんなこと考えたこともないという人を数百人も知っているし、定期的に感謝している人はほとんどいない。

あなたの配偶者はあなたのパートナーだ。そのパートナーを親友のように扱うのが理想的だ。たとえば、あなたの親友が「数日ほどひとりになりたいんだ」と言ったとする。それに対するあなたの答えは？　ほとんどがこう言うはずだ――「いいじゃないか。ゆっくり骨休めしたほうがいいよ」と。

だが、配偶者が同じことを言ったとしたら、あなたは同じ反応をするだろうか？彼なり彼女の要求にがっくりきたり腹をたてたりしないだろうか？　親友とは自分のことより相手の幸せを願うものではないのか？　あなたの親友がいつもあなたの味方になろうとするのは偶然だろうか？

はっきりいって、配偶者をいつも親友のように扱うことはできない。結婚や家庭生活をかぎられた予算でまかなうには重大な責任がつきまとう。しかし、人間関係の力学は似たようなものだ。たとえば親友がやってきて家を掃除し、夕食の支度までしてくれたとしたら、あなたはなんと言うだろう？　どう反応するだろう？　配偶者が同じことをしてくれるとしたら、彼なり彼女も同じように感謝されて当然ではないか？そうに決まっている。

仕事をする場所が家庭の中であれ会社であれ、だれもが評価されたいと願っている。ただ利用されているだけではないと感じれば、本能的に相手の力になりたいと思うものだ。

感謝され認められたとき人がどう反応するか、これほど予測がつかないものはない。私と妻は互いに感謝し合い、なにかしてくれるのが当然だと思わないようにつとめている。妻のクリスは結婚して十年たついまも、私のハードな仕事に感謝しているといつも言ってくれる。私も日常の彼女のハードな仕事と家事に対して感謝を表すようにしている。その結果、二人とも相手のためになにかをするのが大好きになった――義務からではなく心から感謝されるのがわかっているから。

あなたも同じことをしているかもしれない。そうだとしたら、ぜひ続けてほしい。まだだとしたら、いまからでも遅くはない。自分の配偶者にどう感謝を表したらいいか、と自問してほしい。答えはごく単純だ。「ありがとう」と心から言うだけでいい。あなたが相手のためにしていることではなく、相手があなたのためにしてくれていることを考えるように。

あなたはハッピーなカップルがみんなしていることに気づいているはず――つまり、あなたの配偶者がハッピーで、認められていると感じれば感じるほど、ますます味方になってくれるということに。

## ●004● いまの瞬間を生きる子供に学ぶ

この戦略は子供がいてもいなくても役にたつ。だれかの子供と一緒の時間を過ごしたり、公園で遊んでいる子供を見るだけでもいい。ほとんどの子供たち、とくに幼児は「いまの瞬間」を生きている。

「いまの瞬間」を生きるのは謎《なぞ》でもなく大変なことでもない。基本的には、不安や後悔や失敗、将来や過去の悩みにとらわれないという姿勢だ。いまを生きることは、注意を「いまの瞬間」にのみ向け、目の前のことから心を放さないという意味にすぎない。それができるようになると不安や心配から解放され、いまやっていることを心から楽しむだけではなく、自分の創造力も思いきり出せるようになる。

ハッピーな人たちは、昨日なにがあったとしても――または今日や明日や来年なにがあろうと――幸せを見つけるのはいましかないと知っている。むろん過去から学ばない、明日の計画をたてないという意味ではなく、パワフルで前向きなエネルギーは今日の、たったいまのエネルギーだと理解するという意味だ。私たちが悩んだり怒ったりするときは、もう変わったことか、まだ起こらないことについての場合が多い。

人生はいまの瞬間の連続だと、子供たちは本能的にわかっている。彼らは現在に集中し、いま一緒にいる人にすべての注意を向ける。

数年前、私たち夫婦は当時まだ二歳の長女をベビーシッターに預けて外出することにした。ベビーシッターが到着したとき、私と娘は砂場で楽しく遊んでいた。私が立ち上がると、娘は大声でわめいて抗議した。「あたしたちの遊びを途中でやめちゃうなんて!」と言っているかのように。だが私たちが「脱出」に成功し、まもなく車のキーを忘れたと気づいて、家に戻ったときのこと。裏口からそっとのぞくと、娘がきゃっきゃっと笑いながら砂場で遊んでいるではないか。彼女は「いまの瞬間」に没頭していた。過去をすべて忘れて——その過去がほんの数分前だとしても。

これが大人にどのぐらいできるだろう? 心理学者か皮肉屋なら、娘が私の気をひこうとしたと言うかもしれない。そこにも一粒の真実はあるだろう。しかし、ハッピーな人なら「彼女は抗議の声をあげた瞬間、もう次に移っただけ」だとわかるはずだ。私が離れたとたんに彼女は「いま現在」に焦点を合わせたのだ。

この戦略を心にとめておくと、いま現在に集中することがいかに役だつか実感できる。「いまによくなるはず」と自分を説得することにエネルギーを浪費せず、「いまという格別の瞬間」をもっと味わうことができるようになる。

## ●005● 身の保全より心の保全

あなたの家庭は外の世界からの隠れ家。外部の慌ただしさをもち込みすぎると、家庭の平和が乱される。私たちは身の保全に対してはさまざまな策を講じるが、「心の保全」のことは忘れがちだ。ある程度のプライバシーを守れば、たとえ一部でも「心の保全」を保つことができる。

自分のプライバシーを守ることは、あなたが自分の心の安定を大切にしていて、自分の落ち着いた気分と幸福がなによりも大切だと公表するのと同じ。あなたの家庭は、そこに出入りするものをコントロールできる数少ない場所の一つであり、「ノー」と言える場所でもある。

プライバシーを守る手段はいろいろある。留守電にしておくのもその一つ。だれとも話したくないのに、電話が鳴るとつい出てしまう癖はだれにでもある。そんなことでは家でゆったりできるはずもない。

私はひとりでいたいときや家族のだれかの相手をしているときは、電話に出ない方針だ。愛する家族との話を中断してまで、知らない人からかもしれない電話に出ることはないじゃないか？

あなたに子供がいるとしたら、ふいにやってくる友達の数を制限するのも一策かもしれない。社交に背を向けるという意味ではなく、家庭内のバランスと調和を取りもどすために。

私の家は、しばらく駅かバス停になったような状態が続いていた。これではいけない、もっと平和な環境をつくりたいと願い、プライバシーを守るためにいくつか調整することで調和を取りもどせた。

あなたも「家から遠ざかりたい」と感じたくなるような事態に「ノー」と言い、友達を呼ぶ頻度を減らすことでプライバシーを確保できる。これができればあなたの感じ方は大いに変わり、もっと穏やかで平和な心地になる。そして人を招いたり招かれたりするときも、義理ではなく心からそうしたいと思えるようになる。

私たちはみんな、ある程度のプライバシーが必要だ。だれかの家に間借りしている、アパートを借りている、持ち家がある――事情は異なっても、あなたの家はあなたのプライバシーを守るためにあるのだから。

## ●006● たまにはキレてもいい

あなたがだれだろうと——どんなに家族仲がよかろうと——単純に「キレる」ときがあるだろう。たまに起こすかんしゃくはたいした問題ではない。頭にきてどなることもある。踏みにじられたり、無視されたと感じることもある。あまりにストレスが大きくて「プッツン」しそうになる。大声を出すか、最悪のときは物を投げたり、なにかをたたきつけたりするかもしれない。

だが、自分自身や他人を傷つけたりしないかぎり、自分もまた人間なんだと認めて、次は気をつけようと言いきかせるしかない。できるのはせいぜいそれだけだから。

もっと大きい問題は、「キレた」あとで自分をとことん責めることだと私は思う。自分はなんていやなやつだ、家庭の中さえちゃんとできないとつぶやき、後悔と自己憐憫《れんびん》で心がいっぱいになる。

悲しいことに、この自己否定のつぶやきからはなにも生まれない——しかも、いつもそれが心に引っかかっているため、同じことを繰り返しかねない。

振り返ってみると、私はすばらしい人たちに出会ってきた。穏やかな人になる道を説く世界的なセラピストや作家たちだ。彼らのほとんどは穏やかで愛情にあふれているが、欲求不満がこうじて「キレた」経験がしばしばあると認めている。人間みんな、許されてもいいのだ。とくにあなたが!

家庭の中でもっと穏やかな人になるのは、目標ではなく一つのプロセスだ。「反射的に行動しないで穏やかになるようつとめてきたが、それでもときどきキレることがある」と言う人たちに、私はいつもこう言う――「おめでとう、それでいいんですよ!」と。

自分を許すカギは、キレたことを認め、これからもまたキレるはずだという自覚をもつことだ。たぶん千回もキレるだろうが、それでも大丈夫。もっと大切なのは、あなたが正しい方向に向かっていることだ。自分がキレるのを許せるようになると、ほかの人がキレることに寛大になれる。

事実、私は娘やクリスがときどきキレることにほっとしている。それは共感をもつための訓練になるし、人はみんな同じなんだと思えるようになる。

キレたあとでどれほど苦い思いを味わうか、私は百も承知している。あなたが自分や他人のプッツンに対してもっと寛大になれれば、そのあとの苦い思いも「家庭のことでくよくよする」ことも大幅に減るだろう。

●007●

# 相手の話を聞く

家族を含めてあらゆる人間関係に役だつ提案を一つあげてくれと言われたら、私は真っ先に「いい聞き手になること」と答えるだろう。これはほとんどの人が努力しなければならない分野だが、とくに男性に欠けているのはたしかだ！

いままで知り合った数百人と、仕事を通じて話し合った数千人の女性たちの大半は、夫や恋人、大切な男性、父親のだれもが聞き下手だったという。そしてほんの少しでも話を聞く姿勢がありさえすれば、どんな人間関係でもよくなるはずだと口をそろえる。相手の話を聞くことは必ずいい結果が出る「魔法の薬」のようなものだ。

とてもうまくいっているカップルに円満の秘訣《ひけつ》を聞くと、相手が話を聞いてくれることを真っ先にあげるだろう。これは親と子、恋人同士の関係でも同じだ。

これほど効果があるとわかっているのに、いい聞き手になる人がほとんどいないのはなぜだろう？　思い当たる理由がいくつかある。まず第一に、多くの男性は話を聞くだけではなんの解決にもならないと感じるためだ。ただ聞いているだけだと自分がなにもしていないと感じてしまう。男性というのは「ただ聞いているだけ」で問題が解決するとはなかなか思えないのだ。

このハードルを乗り越えるには、愛する人たちが「話を聞いてもらうこと」にどれほど価値を見いだしているか理解すること。相手が話をじっくり聞いてくれると、その人に愛され、理解されていると感じて心が休まるが、話を聞いてもらえないと心が沈み、なにか大切なものが失われたように感じて不満が残る。

もう一つの理由は、自分がひどい聞き手だという自覚がないことだ！　だが、はっきり指摘されないかぎり、自分では気がつかない。いつのまにか話を聞かない癖がつき、それに気づきさえしないのだ。

自分がどの程度の聞き手なのか見定めるには、正直さと謙虚さがいる。人の話に口をはさんだりさえぎったりする自分を見つめ、口を閉ざすようにつとめよう。または相手の話が終わる前に、べつのことを考える癖を正直に見つめよう。

実行すれば、必ずいい結果が得られる。いままでくすぶっていた問題が一挙に解決するばかりでなく、相手とさらに親密になって驚くことだろう。いい聞き手になるのには技術がいるが、そんなに面倒なことではない。とにかく「いい聞き手になろう」と意識して、少し練習するだけですむ。

その努力はきっとむくわれると信じている。

●008●

# きょうだいゲンカは放っておく

子供のきょうだいゲンカほど、家庭の平和な空気を乱すものはない。その経験がある人なら私の言う意味がおわかりのはず。

次女が二歳になったとき、姉妹ゲンカらしいものが始まったことを気にしていた私に「早く慣れたほうがいいわよ」と友人が言った。たしかに彼女の言うとおりだった。子供が一人以上いれば、きょうだいゲンカはつきものだ。問題はそれが起きることではなく、どう対応するのがベストかという点だ。

きょうだいゲンカは神経にさわる、とまず私が真っ先に認めよう。しかし、両親や祖父母など、子供たちのケンカにかかわるすべての人たちにとって最善の戦略を私は発見した。折り合ってしまえばいい。実行するのは口で言うほどたやすくはないが、ほかにどんな選択ができる？

きょうだいゲンカと折り合ったほうがいい理由は二つある。一つ目は、ケンカを鎮めようとあがくと、問題がさらに悪化するからだ。たとえば、あなたの息子たちがケンカを始めたとしよう。それに巻き込まれて反応すると、子供たちのケンカだけではなく自分の反応にも対処しなければならなくなる——血圧の上昇、否定的な感情、いらだち。ケンカを鎮めようとすれば、子供と同じ土俵に上がることになる。するとケンカはますますひどくなり、あなたの神経がささくれて「小さいことにくよくよ」してしまう。

二つ目は、止めに入ると火に油を注ぐことになるからだ。ある意味で子供たちにまちがったメッセージを送ることになり、貧弱なお手本になりかねない。自分がイライラしているとき、彼らに「平和」を要求できるだろうか？　ほとんどの場合、彼らは親の葛藤《かっとう》を察して父親か母親を自分の味方につけようとする。

しかしいいニュースもある。その逆も真なりという点だ。きょうだいゲンカも親業の一部だと受け入れて泰然としていれば、火に油を注がずにすむ。事実、親が巻き込まれずにリラックスしていれば、ケンカの頻度もしだいに減っていく。

もちろん、ときには仲裁に入って子供たちを仲よくさせる方向に導く必要もある。だが、私が言っているのは、日常よく起きる口ゲンカの話と、その日常的な普通のケンカの対処法についての話だ。あまりにひんぱんに起きるため、抵抗するより受け入れてしまうほうがずっと穏やかに生きられる。ケンカを気にしないと態度で示せば、ごたごたに巻き込まれたり、過剰反応しない道を選ぶというお手本にもなる。

## ●009● 家の手入れは橋のペンキ塗りと同じ

ある建築家からサンフランシスコのゴールデン・ゲート・ブリッジの維持管理の話を聞いたとき、私はじつに驚いた。

彼によると、この橋は一年を通じて毎日ペンキが塗られているという。つまり、ようやく塗り終えたとたんに次のペンキ塗りが始まるのだ。とぎれのない継続作業。つねにそうしていないと、橋の修理に莫大《ばくだい》な費用がかかるという。

家の手入れもそれと同じではないかと、ある日ふと気づいた。そう考えたとき、どっと肩の荷が下りるのを感じた。

みんなと同じように、私も家の手入れと維持にげんなりさせられてきた。なにかが壊れたり詰まったりすると、イライラして欲求不満になった。振り返ってみると、わが家ではいつもなにかが必要で——流し台の修理、部屋のペンキ塗り、屋根裏部屋の掃除、皿洗い、ごたごたの押入れの片づけ、庭の草むしりなどなど——私はたえずいらだっていた。

私は、すべてがすっきり終わる日がきっとくるはずだ、すべてが終われば解放感が味わえると思っていた。

だが数年たったいまでも私の家は「まだその途上」にある。庭は草ぼうぼう、屋根裏部屋は相変わらずぐちゃぐちゃ、皿は流しに積まれっぱなし、娘たちの部屋はまたペンキを塗らなければならない！　まさにゴールデン・ゲート・ブリッジと同じ、とぎれのない継続作業だ。

そう考えたとき、私はふっと気が楽になった。なにかが終わらなくてもパニックにならずに、ちがう見方ができるようになった。

だからといって私が家の手入れを怠けているわけではなく、完全に終えようと力まなくなっただけのことだ。

あなたも家の手入れについて私のように考えれば、きっと解放感を味わうはず。やり終えたことに対しては心から満足し、やり終えなかったことに対する欲求不満も減るにちがいない。

●010●

# 電話に出ない

手が放せない最悪のときに電話が鳴り、完全にお手上げ状態になったことがどれぐらいある？　または家を出ようとした瞬間に電話が鳴ったことは？　あるいは一人か家族と一緒の特別な時間に電話が鳴ったことは？

そんなときあなたは電話に出た？　たいていの人は「出た」と答えるだろう。でもなぜ？

電話に出る、出ないは人生のもろもろのなかで、自分に決定権がある数少ない事項の一つだ。いまは留守電があり、かかってきた電話にただちに出る必要はない。もっと都合がいいときに相手にかけ直せばすむ時代だ。

わが家でいちばんストレスがたまるのは、朝みんなが出かけるときに電話が鳴り、娘の一人が走って電話に出てしまうことだ！　そうなると車に乗り込むかわりに、私が電話に出なければならなくなる。だが、私はちょっとしたコツを覚えた。うちの電話には消音装置がついている。出かける三十分前に、ベルが鳴らないようにしておくのだ。

何年も前、夕食のだんらんどきにかかってくる電話について友人と話し合った。大切な電話を待っているのでなければ、その電話に出るのは家族に対して失礼だということになった。「見知らぬ人からの電話のほうが、きみたち家族と一緒の時間より大切だ」という暗黙のメッセージを家族に伝えるのと同じだ、と。これはかなりコワイ話ではないか？

私は娘たちと本を読んだり遊んだりする時間をとても大切にしているが、そんなときにかぎって電話が鳴る。だが私はその電話には出ない。娘たちと一緒の時間をなによりも大切にしていることを伝えるために。娘たちは、私が電話に頼って生きていることを知っていて、それが簡単な決断ではないとわかっている。

もちろん電話に出なければならないときもある。だが、慎重に選ぶようにおすすめする。「いま、この電話に出ると気が楽になるのか、それともストレスが増えるのか？」と自問してほしい。

電話に出ないことがじつにいい決断となって、家庭生活のストレスを大幅に減らしてくれる。

## ●011●

# 自分の心に正直に生きる

小さいことにくよくよする人が多いが、その理由の一つは自分の心に正直に生きていないことにある。

多くの人が怠慢から、または他人もそうだからといった理由で決まりきった日常を送っている。

たとえば、親が望んだから、社会的地位が高いからといった理由で職業を選ぶ人が多い。または、みんなそうしているからと子供に特定の活動や服装を強いる親が多い。それがアメリカン・ドリームだからと、アパートを借りるより家を買おうともがいたり、「隣人に追いつけ」と必要以上に見栄をはる人もいる。

心に正直に生きるとは、自分と家族にとっていちばんいい暮らし方を選ぶこと。他人に合わせるのではなく、自分の心と価値観に見合った決断をするという意味だ。社会や近所の人や友人の期待よりも自分の本能を信じるという意味だ。

だが、自分の心に正直にといっても家族の習慣をやぶったり、人とちがうことをやれというのではない。それよりずっとおとなしい。

ひとりで静かにしているとき、心の奥から聞こえてくる小さな声を信用すること。それは知恵と常識の場所からあなたに語りかけてくる声だ。習慣より心を大切にするとき、新しい洞察が生まれる。

この洞察は、ちがう町に引っ越す、悪癖を断つ、愛する人との新しいつきあい方といったアイデアを与えてくれる。だれと一緒に時間を過ごしたいか、どうしたら問題を解決できるかといったアイデアも与えてくれるだろう。それはすべて自分の心の声を聞くことから始まる。

心に正直に生きていないときは心に葛藤が生まれ、短気になったり退屈したり、過剰に反応したりする。自分にとってなにが真実か、どんな暮らしを望んでいるか、どんな人になりたいか、心の奥ではわかっているはずだ。あなたの行動が心の知恵と一致していなければ、不満とストレスを感じるだろう。

心に正直に生きることを学べば不満やストレスは軽くなり、もっと穏やかでハッピーな人になれるはずだ。みんなと同じでなく、あなた自身の暮らしが送れるようになるだろう。

それにはこんな自問をするにかぎる。

「自分は本当はどんな暮らしを望んでいるのか?」

「自分は本当に望んだように生きているのか、それともいままでの習慣や人の期待にこたえようとして生きているのか？」

あとは静かに心の声に耳を傾けるだけ。答えを探そうとせずに、答えのほうから近づいてくるのを待とう。

もっと穏やかでハッピーな人になりたければ、これはとてもいいスタート地点だ。心に正直に生きるのは、内面の平和と成長に欠かせない。それが実現できれば、人にもっとやさしく、寛大になれる。ためしてみれば、どんな結果が待っているか驚くにちがいない。

# ●012● 約束を守る

いい家族関係を築くための本は、「約束を守る」という一文なしには完結しないと私は思っている。これは愛する人たちとの絆《きずな》を強めるには欠かせない戦略だ。さまざまなまちがいをしでかしても、約束を守っていれば人間関係の質は高められ、人の信用をかちえることもできる。その反対に約束を守らなければ、家族も含めた周りの人たちはあなたの言葉を聞き流したり、もっと悪いことに信用しなくなる。

むろん完璧《かんぺき》な人なんていないし、忘れたり急用ができたせいで約束をやぶるときもある。ほとんどの場合、それは問題にならない。というのも、約束を守ることはイチかバチかの選択ではなく一生続くプロセスだからだ。言いかえれば、あなたの目標は完璧な人になることではなく、どれだけ多くの約束を守ろうとするかにある。

つい最近、こんなことがあった。私は娘のサッカーの試合を見に行くと約束していたが、そのあとに『小さいことにくよくよするな！』を論じるテレビのトーク番組に出る機会が舞い込んだ。いろいろな点からみて、どうしても出る必要があった。ひどくがっかりした娘が、それでも涙まじりに「いいのダディ、試合はこれからもあるんだから」と言ったときは親として成功したのを感じた。「見に行きたいのに本当に残念だなあ」という私の言葉が嘘《うそ》ではないと娘は知っていた。私にとって約束は大切で、私が守ろうと努力していると娘はわかっていた。ほとんどの人と同じように彼女も私に完璧さを期待したのではなく、正直にベストをつくすことを期待したのだ。

これよりもっと小さな約束でも、守ることが大切。たとえば母親に「明日、電話するよ」と言ったとしたら、なにがあってもかけることだ。よく私たちはその場かぎりの約束を口にしてしまう。「午後にでも顔を出すよ」とか「六時にはぜったい行くから」と言って実行しないことが多い。「やっぱり忙しくてね」などと言い訳をするが、待っていた相手にはなんの慰めにもならない。約束が守られないとき、その約束にはたいして意味がなかったのだと人は思うものだ。

守る自信がないなら、約束しないほうがましだと私は気づいた。自信がないなら、そうするなどと言わないほうがいい。むしろふいに実行して相手をびっくりさせよう。

約束を守ると、愛する人たちの皮肉癖を最小限に抑えることができる。信頼できる人もいるのだと彼らに身をもって教えることができる。そうすると言ったとおりに実行すると相手がどれほど喜ぶか、それは快い驚きだ。

約束を守ればあなたの人生は公私ともにとてつもなく豊かになるだろう。

## ●013● なにか買ったら、なにかを手放す

一人暮らしなら、これは楽にできる。だが一緒に暮らすパートナーがいれば、なかなか難しい。家族がいれば、ほとんどお手上げだ。しかし状況がどうだろうと、この戦略はやってみるだけの価値があり、もっと秩序だったライフスタイルを確立するのに大いに役だつ。

自分の家を物であふれさせるという癖は、収入の額や家の大きさ、人種や宗教にかかわらず世界中の人々に共通しているらしい。家に物があふれると、収納や探しものに追われてストレスと欲求不満がたまる。「物に囲まれている」感覚も心理状態に悪影響を与えてイライラ、くよくよのもとになる。

ほとんどの人が収納スペースぎりぎりまで物をため込んでしまう。押入れが二つあっても、どちらも満杯。三つあっても同じことだ。どれほど収納スペースがあろうと、私たちは物でいっぱいにしないと気がすまないらしい。もうこれ以上は増やさないという決意があれば、むろんそれでかまわない。だが悲しいことに、私たちはたえず新しい物を買いつづける。

そういった物すべてをどこにしまうのか?

たいていは「すでにある物」をどけて新しい物を入れるスペースをつくる。物を捨てるかわりになんとかスペースをつくって、押し込んだり積み重ねる。屋根裏、ガレージ、棚、物置などあらゆる場所に物を詰め込む。レンタル倉庫を利用する人もいる。物を集める理由はさまざまだ——いつか必要になるから、習慣から、ノスタルジーを感じるから。

解決策は、少し決意がいるが、ごく簡単で百パーセント効果的。もうこれ以上は置けないと認めたら、あとは一つ新しい物を持ち込むたびに一つ手放そうと誓えばいいのだ。

たとえば、あなたの五歳になる娘が誕生日にテディベアを二つもらったとしよう。この戦略にしたがって、あなたと娘さんは新しいテディベアを置くためにどのおもちゃを人にあげるか決めなくてはならない。

この戦略を実行すると、いいことがいくつかある。まず、家の中の「物量」をコントロールできる。もう使わない物を取り除くことで新しい物をしまうスペースが確保できる。古い物を捨てなければならないとなると、なにかを買うときもじっくり考えるようになる。さらに、人と物を分かち合うことの大切さを子供たちに教える機会ができる。おもちゃをもっていない子供たちがたくさんいること、その子たちが少しでも楽しく暮らせるためにおもちゃをあげようと説得しよう。

これはテディベアにかぎらず家具でもタッパーウェアでも衣類でも同じことだ。もちろん例外はたくさんある。家具が充分でない場合は、必要な物まで手放すことはない。新しいジーンズが本当に必要なときや、子供がおもちゃを少ししかもっていないときはなにも厳しく実践しなくていい。しかし、ほとんどの人は必要な物をすべてもっているというのが実情ではないだろうか。その場合は、この戦略が大いに役だつと思う。

どれほど新しい物が増えても家の中はきちんと片づき、本当に必要な人に使ってもらえる喜びを味わえるうえで、とても単純だが効果的な解決策といえる。

# ●014● 子供が退屈するのはいいことだ

普通の親にとって、子供たちに「退屈だよ」とか「なにもすることがないよ」と言われるのはおもしろくないだろう。子供にいろいろな経験をさせようとつとめている親にとってはなおさらだ。そんな親ほど子供たちの「退屈だよ」という言葉に悩むのは皮肉なことだ。

さまざまな機会や活動の選択肢をぎっしり与えられている子供ほど、退屈する度合いが強い。というのも、そういった子供は毎日のように刺激を与えられるのに慣れているからだ。

彼らのスケジュールは親と同じぐらいみっちり詰まっている。なにかがつねに起きていないと退屈するのは当然で、いつも必死になってなにかすることを探そうとする。携帯電話、テレビやラジオ、コンピュータやテレビゲームがないと生きていけないと感じる子供たちが大勢いる。

退屈をまぎらわせるために、物やアイデアを与えるのは解決策にはならない。おわかりのように、彼らはあなたのアイデアを却下するだろうし、長い目で見て子供たちのためにはならないからだ。退屈しないアイデアを提供しすぎると、かえって彼らにたえずなにかしなくては、という強迫観念を植えつけてしまう。

最高の解決策（退屈している子供たちにはショッキング！）は、「いいぞ、退屈していなさい」と答えることだ。「たまには退屈するのもいいことだ」と言ってもいい。これを何度か本気でやってみると、子供たちは親に楽しみを与えてもらおうと思わなくなる。さらに、この戦略は子供たちの隠れた創造性を引き出す効果がある。自分で遊びを工夫するようになるからだ。

いつもそうしろとか子供たちと一緒に遊ぶなと言っているのではない。ここで言いたいのは過剰な刺激に対する反応のことだ。あなたの子供にやることがたくさんあり、退屈がそこからきているとわかっていればそれでいい。

退屈という問題を子供たちに突き返すという親の特権は、かなり快いものだ。なにもすることがなくても少しも悪くないのだと、子供たちに教えるのは彼らのためになる。

たまには退屈してもいい。

## ●015●
# なにかがこぼれるのは当たり前

私は二十年も前にこれを思いついた。自分と家族のためにより穏やかな家庭環境を築きたい私にとって、じつに効果的な戦略だ。

この戦略のベースとなる考え方はこうだ――なにかが起きるものと思っていれば、それが起きたときも平然としていられる。さらに言うと、なにかがこぼれると思っていて、そうならなかったときは感謝の念さえわいてくる。言いかえれば、飲んだり食べたりしているものが床一面にぶちまけられることは少なく、たいていは大丈夫だという事実を認められるようになる。問題は、なにかが起きるぞという不安に焦点を合わせがちな点だ。

あなたか家族のだれかがミルクやコーヒーをカーペットにこぼしたときのことを思い出してほしい。

あなたはどう反応した？　おそらくパニックになり、がっくりきてストレスがたまったにちがいない。液体はこぼれるものだと達観していたとしたら、反応はどうだっただろう？　考え方一つで同じ事実がまるで変わってくるはずだ。こぼれたことを喜べと言っているのではない。ただ、こぼれた事実を受け入れるだけでいい。なにが、いつ、こぼれるかだれにもわからないが、いつかは床にこぼれるものなのだ。今日の午後、来週、三年後——時期は不明だが、いつか床に水やミルクがこぼれる日がくる。そのときに備えるための戦略だ。

家のどんなことにも同じ法則があてはまる。なにかの調子が悪い、なにかが壊れた、とんでもなく散らかった、家族のだれかが自分の責任を果たさない、などなど。そんなこともあるさと達観していれば、それが起きても慌てずにすむ。

「いまに悪いことが起きると思っているとと的中するんじゃないか」と心配することはない——そうはならないから。悪いことをビジュアル化するのではなく、事実をあるがままに受け入れる練習をしよう。そうすれば、こんどなにかがこぼれたときも平然としていられるようになる。

●016●

# カレンダーに空白を残す

たとえどんなにいいことでも、多すぎればトゥー・マッチ！

あなたがどれほど社交的で人と会うのが好きでも、カレンダーに空白があればホッとするはずだ。空白は、あなたがなにかに追いついたり、なにもしないでぼうっとできる時間。なにも計画のない空白を残すようにすると、時間が充分にあるという穏やかな気分になれる。

なにもかもやり終えてから自分の時間をとろうとしても、ぜったいにとれない。それどころかカレンダーや予定表はぎっしり埋めつくされてしまう。

あなたの配偶者や子供たち、近所の人たち、友人たちがあなたの時間を求めている。それ以外にも、やりたいものも義理も含めて社会的なつきあいがある。なにより多いのは仕事の約束。あなた以外の全員が、あなたの時間を取り合っているような感じだ。

唯一の解決策は、自分のための時間を最初から確保することだ。親友や医者との約束と同じようにこれを重視し、緊急時を除いてはぜったいに守ること！

やり方はとても簡単。カレンダーや予定表に、自分のための時間を書き込むだけでいい。

私自身のカレンダーを見ると、この金曜日の一時半から四時半までは自分の時間にしてある。その時間にはなにも予定を入れていない。その時間にだれになにを頼まれても――ラジオのインタビューでもクライエントからの依頼でも――私は応じられない。すでに計画があるから！　その計画とは自分のためのもの。今月末には丸一日を自分のためにとってある。これもまた私の聖なる時間で、なにも予定を入れるつもりはないと断言できる。

おそらく想像がつくだろうが、これには慣れが必要だ。

数年前にはじめて自分の時間をとったときには、人よりも自分を優先させる後ろめたさを感じたものだった。カレンダーには空白があるのに「時間がない」と言うのがとてもつらかった！　だが、自分にはそれだけの価値があると思い直した――あなたにもある。

この空白欄は私の予定表の中でもっとも大切なスペースとなり、ずっと守っていきたいと思っている。

だからといって仕事を怠けているのでも、家族との時間をないがしろにしているのでもない。むしろ私の空白欄は精神の安らぎに欠かせないひとコマとなっている。それなしではあまりの忙しさに流されてしまうだろう。

さっそく今日から始めることをおすすめする。カレンダーを見て定期的に時間を選ぶ——週に一度、月に一度でもいい。数時間でもいい、自分のための時間を確保しよう。人になにか頼まれても、その時間を使わないように。自分の時間をなによりも優先させることを覚えよう。

心配はいらない。そうしたからといって利己的な人にはならないから。むしろその逆だ。自分の人生が取りもどせたと感じると、人に対してもっと寛大になれる。自分に必要なものを見いだすと、それを人にもあげることができるようになる。

# ●017●悪い知らせに生活を乱させない

いつかは重い病気を宣告される人もいるだろう。そのとき、ショックのほかに必ずもう一つの経験をするはずだ。それは、ふだんの生活を前以上に感謝して送るようになること。

ふだんは当たり前のように受けとめていること——笑い、美しさ、友情、自然、家族や愛する人々、家——が前よりはるかに大切に思えるだろう。一日一日が贈りものであり奇跡だと感じるだろう。そうなると以前は心に引っかかった「小さいこと」などまったく気にならなくなる。そんなものは跡形もなく消え、日々の賜物《たまもの》だけを心にとめるようになる。

多くの先人たちと同じく悪い知らせにはそんな反応を示すとわかっているなら、日々の暮らしへの感謝を遅らせる価値はどこにある？　悪い知らせを聞かされてそうするのではなく、たったいまから感謝しては？　人生はそれだけで奇跡で、私たちは祝福されてここにいるのだから。

人生はいかに短くてはかないいか、いかに簡単に変わってしまうものか。それを自分に言いきかせると、味わい方が大いに変わってくる。

配偶者や子供は、次の瞬間いなくなるかもしれないのだ。自分は長生きすると思ったとたん、そうではないとわかることもある。ある日いつものように散歩に出たものの、数分後には事故で歩けなくなるかもしれない。家が火事で丸焼けになるかもしれない。

人生のはかなさと不確実さを見つめるには、二つの方法がある。一つは恐怖と無常感にとらわれて落ち込むこと。もう一つは同じ事実をもっと前向きにとらえ、不確実さを感謝するための合図と見なす生き方だ。

私たちは家族や持ち物、環境、プライバシーや安全、慰めなど家が与えてくれるすべてを当たり前に思いがちだ。だからこそ、どれほどささやかでも家がある幸運に感謝すべきなのだ。毎日(たとえ数分でも)ちょっと時間をつくって、家が私たちの人生に占める役割を考えたほうがいい。

悪い知らせを聞かされる前、たったいまから人生の賜物を感謝するようになれば、いままで感じたことのない喜びを味わうだろう。

さっそくためしてみてほしい。思いがけないほど感謝のタネが見つかると誓ってもいい。

## ●018● ガックリきてもやりすごす

このあいだクリスと私は、おなかをかかえて笑い転げた。笑いすぎて泣き出しまつだった。クリスが「これはきっと神様のいたずらよ」と言ったことがきっかけだった。その日は夫婦で数時間かけて家の掃除や片づけをしたのだが、私たちのがんばりをよそに事態は逆もどりしていた。

私たちが無能というわけではない。二人とも掃除や片づけについてはプロを自認している。だが娘たちがそれぞれに友達を家に呼んでいた。一人の子はクリスがクロゼットの掃除に熱中しているあいだにキッチンを泥足で歩きまわった（その子たちは、家の中では靴を脱ぐというわが家のルールを忘れていたらしい）。ほかの子たちが娘のクロゼットからなにかを取り出そうとしたとき、ドーンとおもちゃの半分が床に散乱した。一方、私は屋根裏部屋でチャリティに寄付するものを箱に詰めていたのだが、いきなり足で床を踏み抜いて下の部屋の天井に大穴を開けてしまった。どの部屋も大騒ぎ！　まさに「そんなこともあるさ」の一日だった。あなたにも似たような経験があるにちがいない。

そんなときはマジに怒りたくなる誘惑にかられる。人生はなんて不公平なんだと嘆き、努力がむだだったとぼやいてしまう。こんなストレスまみれのときには同じような過去を思い返し、今後も起こるだろうと悲観しがち。だが言うまでもなく、そんなことを考えても少しも役にたたない。

ガックリくる事態をやりすごすには、一歩下がってユーモアを見つけるにかぎる。クリスは私たちの惨状を見てこう言った――「もしだれかがこっそりこれを見ていたら、おなかをかかえて笑い転げたでしょうね！」と。それで二人とも気分がパッと晴れてしまった。

だからといって私たちがグチャグチャを気にしないというのではない。クリスも私も掃除フリークで、きちんと片づいた家が大好きだ。しかし子供がいればどうにもならないこともある。人にできることには限度があるのだ。

むだな努力のなかにユーモアを見いだそうとつとめると、家をいつもきちんとしなくちゃというプレッシャーから解放される。「すべてきちんと」とあくせくせずに現実と折り合いがつけられるようになる。テーブルをきれいにふいたところで、明日もまたふくことになるのだ。ユーモアは家をきれいにしてはくれないが、客観的なものの見方と気楽さを与えてくれる。

## ●019● 子供にどんなメッセージを送っているか

私の好きな本の一つにウエイン・ダイアー博士の『わが息子、娘のために父親は何ができるか』(邦訳:三笠書房刊)がある。この中で彼は親が子供たちになにを教えたいと思っているか、どんなメッセージを送っているか自問するようすすめている。自主性、積極性、忍耐、独立といった人間の大切な資質は、親から子への目に見えないメッセージによって培われると彼は言う。

たとえば、私たちは子供におとなしくしろとか静かにしろと言うが、その声はイライラと甲高い。または子供の自立を願いながら、つい見かねて彼らの部屋を掃除してしまったり、必要なリスクを避けさせようとする。子供に穏やかになってほしいと願いながら、自分はせかせかと落ち着かない。協調性をもってほしいと願いながら、自分たちは人になかなか同意しない。子供に言うことと親が伝えている無言のメッセージが一致しない例はごまんとある。

子供に送り出すメッセージには、私たちの心中がもろに表れている。私たちは欲求不満でカッとなっているのか、それとも穏やかに受けとめようとしているのか? 忍耐強く支えようとしているのか、それともなじったり責めたりしているのか？　私たちはいい聞き手か？　あなたは配偶者や友達や子供の話をよく聞くほうか、それとも相手の話をさえぎるほうか？　もしそうだとしたら、あなたの子供たちが、親をはじめ、人の話をないがしろにするのもふしぎではない。

クリスと私は、いつも生き生きした関係を保つ決意を、隠れたメッセージとして娘たちに送っている。私たちはお互いに相手のために時間をつくって定期的にデートしている。両親が心から愛し合っていることを知りながら成長してほしい――娘たちにそう口で言うだけではなく、いい夫婦とはどういうものか行動で示しているのだ。

私たち夫婦はせっかちな癖を直さなくてはならないが、皮肉なことに娘たちがせっかちになるとイライラする。家庭での子供たちの行動は、親が送る隠れたメッセージに左右されるのだ。

あなた自身の隠れたメッセージと信号をよく見てほしい。おそらくきちんとやっている部分と改善しなくてはならない部分があるはずだ。でも悩むことはない――ヒト族の世界にようこそ！　もっとも大切なのは、あなたの隠れたメッセージの力を自覚することだ。いったん自覚すれば、本音と一致しないメッセージを見分けられるようになるだろう。

●020●

# 子供の十代の一時期を認める

一見、この提案はとても無理だと思えるだろう！　しかし、十代という年代をもっと広い目で見れば、この年代と闘うより認めてやるほうが実際的で賢明だと私は信じている。

この戦略のキーワードは「一時期」だ。少なくとも二十歳になっている読者が十代のころと変わっていないとしたら、私には大ショックだ。

あなたの価値観、態度、外見、仕事のやり方、目標、優先順位は十代のころと様変わりしているはず。私を例にとっても十代のころとは似ても似つかない。外見、行動、人生のすべてががらりと変わった。いまの私はあのころとは別人——あなたもきっとそうだろう。振り返ってみれば、あの時期は通過点にすぎない。

そうとわかっているのに、私たちはなぜこの一時期を個人的に受けとめてしまうのか？　答えは、それがたんなる通過点にすぎないことを忘れてしまうからだ。

私たちは十五歳の子供の行動や人生の方向がもう変わらないんじゃないかと恐れる。ある意味で十代の子供を信用しなくなっている。その不信感を彼らは感じとり、それがさまざまな問題を引き起こしていると私は思う。十代の子供のトラブルは親のせいだと言っているのではない。だが、十代のいいところを引き出し、私たちの不満を軽くする方法があるはずだ。

私が無事に十代を通過できたのは、両親が一人の人間として私を受けとめ、信用してくれたおかげだと思う。私がちゃんとしていることを——ちゃんとしていなかったときも——わかってくれ、もがいている私をとがめだてしないでくれた。私の行動は満点にほど遠かったにもかかわらず、両親が認めてくれているのはわかっていた。

彼らがずっと信頼してくれたことで、私は十代の一時期を切り抜けることができた。両親と十代の子供たちがもがきながらもなんとか平和にやっている数少ない（そして幸運な）家庭にも、同じ力学が作用している。ほとんどすべての場合、ちゃんとしているように見える十代の子たちには、彼らを人間として信頼してやる親——彼らを認めてやれる親がついている。

「子供がちゃんとしていれば、そりゃ親のほうも信頼するし認めもするさ」と言うのは簡単だし、それにも一理はあるだろう。だが彼らがどんな行動をとるにせよ、それを認めてやることがどれほど重要か理解すれば、あなたも信頼を培うことはできると思う。

周りの人たちから信頼され認められれば、自分がどれほどちゃんとできるかは、自分に聞いてみるしかない。これは十代の子たちにもあてはまる。認められていると感じれば、彼なり彼女はそれに見合う行動をとるようになる。

だが、悪いほうにもこの法則はあてはまる。認められていないと感じれば、子供たちも行動のレベルを下げるだろう。

簡単にできるとは言わないが、十代の年月を不変ととらえず通過する一時期と考えれば、むやみに衝突することも減るだろう。

# ●021●
# 見て見ぬふりをする

これは子供がいれば楽しく実践できるが、いなくても効果には変わりがない。この戦略は文字どおりすべてにあてはまる――子供のケンカ、親の関心の取り合いっこ、大騒ぎ、引っくり返ったように散らかった部屋、屋根の雨漏り、うるさいペット、物であふれたクロゼット、いびきがうるさい夫などなど。

過剰反応する理由の一つは、手に負えないことについカッとなる癖からきている。たとえば子供たちがケンカして頭がおかしくなりそうなとき、ついカッとなって子供たちを部屋に閉じ込める。そのあとで頭で問題をふくらませる――「何度やったら気がすむんだか」とか「子育てがこれほど大変だとは知らなかった」とか、カッとなる以外に反応しようがなかったことへの言い訳を考えて正当化する。心の中で問題をふくらませ、それを人と話し合ったりすると、すぐに「小さなこと」が大きなことに思えてくる。

日常の小さな問題に過剰反応しないよう、訓練することは可能だ。見て見ぬふりをするのは、気になることを否定するのとはちがう。同じ事実の見方を変えること。つまり、「こんなことで悩んだり過剰反応したりしないぞ」と自分に言いきかせるのだ。

最初はわざとらしく感じるかもしれない——そんなことを自分に言いきかせても、風邪ぎみなのに元気なふりをするのと同じじゃないか！　と。しかし、やってみれば絶大な効果があるとわかるはず。じっくりためしてみよう。自分の反応ぶりがわかっていれば、カッとする癖が出にくくなる。

私は二人の娘を相手にこれをためしてみたが、とても言い表せないほど効果があった。ほとんどの人と同じく私も娘たちによく過剰反応してしまう。しかしこの戦略を使うと、カッとなる悪い癖が少しは収まるようだ。

このあいだも娘たちが口ゲンカをして互いに責任をなすり合った。そうなるとわかっていたので私は心の中で自分に言った——「これに動じるのはよそう、見て見ぬふりをしよう」と。その結果、どの親も憧《あこが》れる珍しい瞬間がやってきた。子供たちが仰天して静かになったのだ！　私はカウチに座って本から一度も目を上げなかった。私がどうかしたのかと思って、二分もたたずに子供たちは完全に静まった。私がいっさい加担しなくても口ゲンカは魔法のように収まったのだ。

私たちはその午後ずっと楽しく過ごした。実践すれば、あなたにも楽しい結果が待っているだろう。

●022●

# 「愛してる」と言うチャンスを逃がさない

両親（または配偶者）から「愛してる」と言われたことがないという訴えをどれほど多くの人から聞いたことか。その反対に、独身者たちがこんな不満を訴えるのは聞いたことがない。

「愛してる」ほど簡単な言葉はないと思うが、どんな理由があるにせよ、その言葉を口にしない人が多い。相手はそんな言葉を聞きたくないと思っているのか、聞いても信じないと思うせいだろうか。または頑固だから、恥ずかしいからか。理由がなんであれ、それだけでは不足だ。愛する人たちにそう告げる大切な理由はたくさんある。

あなたが充分に告げられたかどうかはどうでもいい。大切なのは「愛してる」という言葉が人の気分を晴れやかにすることだ。自分は孤独ではない、愛されているんだと感じると自信がわいてくる——そして言ったあなたの気分が晴れやかになる！

私の家でもご多分にもれずチグハグなことばかりしているが、一つだけ正しいことをしている。それはお互いに「愛してる」と言い合うことだ。簡単で、気軽で、しかもタダ。世界でもっともパワフルな言葉の一つだ。人はそう告げられることによって愛されていると知ると世界に愛をお返しできるようになる。ひそかな自信と心の平和があるからだ。

情緒面でほしいものを手に入れているとき、人はそれを与え返すものだと私はかたく信じている。だから「愛してる」とだれかに言うことによって、あなたは間接的に世界に貢献しているのだ。人を愛して認めているのだと知らせるには言葉が大切だ。それも、ひんぱんに。心を込めて「愛してる」と言えば、相手の目に映っているあなたの欠点の多くは消される。私の例を言うと、娘たちとぎくしゃくしたときでも忘れずに「愛してる」と言うと、互いに許し合って先に進むことができる。

もっと利己的な意味でも「愛してる」はじつに御利益《ごりやく》がある。言うと気分が晴れる。与えることと受けることはコインの表裏だから、「愛してる」と言うことでいままでの人生で充分にそう聞かされなかった埋め合わせができる。与えることはそれ自体が報酬だ。その言葉を口にするのは与えることのもっとも基本的でシンプルなかたちだ。

家に帰ったとき、家を出るとき、眠る前、目覚めたとき——愛情を言葉で表す機会は無数にある。わが家では電話を切るときや食事を始める前に「愛してる」と言うのを習慣にしている。あなたの機会も無限にある。

これほど簡単なことはないし、なによりもっとも大切なことの一つだ。

## ●023●
# 自分にリセット・ボタンをつける

どの家庭にも、混乱のきわみがやってくる前ぶれがある。問題は、その前ぶれにまるで気づかないことだ。混乱に巻き込まれるまで気づかずに、自分のことに没頭している。警告の合図に耳をすませ、それをリセット・ボタンとして活用すれば巻き込まれずにすむ。

たとえば、わが家の警告の合図は四人とも気持ちがせかせかしているとき。みんなが時間がないとせっぱつまってそわそわしているときだ。私たち家族は、そんなときリセット・ボタンを押して手直しすることを学んできた。つまりそんな雰囲気になったら「ちょっとみんな、また始まったよ」とだれかが言い出す。このちょっとした指摘で、みんなひと息ついてペースをつくり直すのだ。この警告の合図は、みんなにもっとゆっくりしろと告げようとしている。

このリセット・ボタンを活用すれば、自分を立て直して客観性を取りもどし、最初からやり直すことができる。警告の合図を聞きとれないと、わが家のペースはいちだんと上がってみんなが欲求不満の塊になる。

このほか、警告の合図には、きょうだいゲンカが激しくなっているときがある。その口ゲンカを見逃さなければ、気分を一新するリセット・ボタンとして活用できる。大ゲンカに発展するまで待たずにリセット・ボタンを押すのだ。子供が一人なら、ぐずぐず言いはじめるのを合図としてもいい。あなたが一人で暮らしているなら、「やるべきこと」がたまりすぎたときや流しに皿が積み上げてあることをリセットの機会と見なしてもいい。

リセット・ボタンは人の数だけある。つまりストレスになりそうなことを蕾《つぼみ》のうちに刈り取るアイデアだ。

あなたの家のことをちょっと考えてほしい。ストレスになりそうなパターンはないか？　あるとしたら、それを食い止める合図は？

注意して見れば、合図は転がっている。その合図をリセット・ボタンとして活用すればいい。そうすれば家庭でのストレスがぐっと減るだろう。

## ●024● シンプルに生きるすすめ

あちこちのグループで急に人気が出た草の根運動がある。「シンプルに生きよう」という趣旨で、進んでシンプルな生き方をしようとする人たちがかかわっている。文字どおり、必要だからではなく進んでシンプルな生き方をしようという運動だ。「そうすべき」だからではなく、「そうしたい」から欲望を制限する——欲望に天井をつけることによって、すでにもっているものを楽しむ知恵が生まれ、穏やかな気持ちになれる。人生をシンプルにすると、時間、お金、エネルギーにゆとりができ、それらを自分と家族のために振り向けることができる。

多くの人たち(私もその一人だが)は、「お隣りさんに追いつけ」とがんばることがストレスのもとだと気づいている。そのくせ私たちの多くは「もっと、もっと」と願う癖が身についている。物や仕事や経験など、多ければ多いほどよしとする「モア・イズ・ベター」を信じ込んでいるようだ。だが本当にそうなのだろうか?

ある時点にさしかかると、人生を楽しむ余裕がないほど忙しくなることがある。分刻みで予定があるような状態だ。いまやっていることより「次はなにか?」を気にしながら片っぱしから仕事をこなす。さらに、もっと広いマンション、もっといい車や服をほしがる。いまもっているものでは不足とばかり、さらに多くを手に入れようとする。

おもしろいことに、この「シンプルな生き方」運動のファンは金持ち階級とはかぎらず、さまざまな所得層に広く受け入れられている。

シンプルに生きるには、家賃の高い高級マンションから安くて小さいマンションに引っ越すのも一案だ。家賃が安くなったぶんだけストレスが減る。もっとシンプルな食生活をする、服を人と共有したりリサイクルに出す、たまにはノーと言うのもいい。つまり、人生をもっと気楽で単純にするための決断をするのが基本的な考え方だ。

数年前、私は仕事場をべつの場所に移した。このシンプルな決断がいくつかの大きな利点をもたらした。

まず家賃がかなり安くなったこと。それによって経済的なプレッシャーが減った。さらに新しい仕事場は家から数マイルのところにあり、十五マイルも離れていた前の場所よりずっと通いやすくなった。前は車で三十分かかったのが、いまは五分ですむのだ。一年に五十週はたらくとして、この単純な決断で年に二百時間も浮かすことができた。もちろん前のほうがすてきなところだったが、その価値はあっただろうか?

ない、とはっきり言える。また同じ機会があったら私は同じ決断をするだろう。

シンプルな車を買うと修理屋に通うお金と時間の節約になる。持ち物が少ないと手入れや保険の心配もいらない。庭のある家に住めば、ガーデニングや芝刈りに時間がかかる。

シンプルな生き方とは、もっているものまであきらめるという意味ではない。むしろ、なにかを手に入れることで（なにかを捨てるよりも）人生がもっとシンプルになる場合もある。たとえば私はコンピュータとファックスのない生活など想像できない。それがなかったら私の人生はもっと複雑で手がつけられなくなっていただろう。

シンプルな生き方をするための決断は一つではないし、貧乏暮らしをすすめているのでもない。高級車に乗っていてもシンプルな生き方はできる。すてきな物をもちたいと願ってもシンプルな生き方を楽しめる。人生の質を向上させるための決断をたえず頭においておけばいいのだ。そのカギは、「人生に本当に必要なものはなにか」を正直に見つめることにある。

いまよりもっと時間とエネルギーと穏やかさがほしいのなら、このテーマをもっと慎重に追求することをおすすめする。

## ●025● いい仲間を選ぶ

よかれあしかれ、いつも一緒にいる人たちに影響されることは、たいていの人が認めている。子供と親、夫と妻、兄弟姉妹。一緒にはたらく人たち、友人、隣人もそうだ。

だれと一緒にいるかは自分の権限では決められないことが多い——たとえば職場だ。与えられた環境でベストをつくすしかない。同じことが家族にもいえる。愛しているからだけではなく、家族だから一緒に時間を過ごす——それ以外に道はない。

しかし、一緒に過ごす相手を選べることもある。たとえば、友人や家に招く人たちや電話をかける相手がそうだ。

時間とエネルギーはもっとも大切な財産だから、それを使う相手は賢く選ばなければならない。あなたは自分と家族にとって本当にためになる人たちと時間を過ごしているか、それとも適当に相手を選んでいるか？　正直になれば、自分の答えに驚くかもしれない。たぶん、あなたは自分でも理由がわからない人たちと友達になっているはずだ——怠慢から、都合がいいから、習慣から。

いままでの友人と縁を切って新しい相手を探せといっているのではない。習慣や義務、過去の絆にもとづいた友人関係にはすべていいところも悪いところもある。だれかと一緒にいる時間とその直後にどんな気分になるかを正直に見つめ、友人関係を再評価することを提案したい。その人はあなたの成長を助けてくれるか？　彼または彼女はあなたが尊敬できる人か？　同じ価値観をもっているか？　その人と一緒にいたり電話で話したあとで気分が晴れるか？

仮にそうでないとしても、もう友達じゃない、とはならない。ただその人と過ごす時間を減らして新しい人と会ったり、ひとりでいる時間を増やそうと思うかもしれない。

この提案は人を批判することとはちがう。あまり一緒にいたくない人だからといって、彼らに対する敬意や評価が変わるわけではない。あなたのほうが彼らより上だとか、彼らにはいい素質がないという意味でもない。ただ、あらゆる点からみて、彼らと一緒に過ごすよりはひとりでいる、またはほかの人といるほうが好ましいというだけのことだ。

人と一緒に過ごす時間はかぎられていると、いつも頭の隅に入れておこう。できる範囲での最高の選択は私たち一人ひとりにかかっている。

たとえば私は数百人の好きな人たちがいるが、彼らと一緒に時間を過ごしたいとは思わないし、彼らのほうもそうだと思う。私はひとりでいるのが大好きで、だれかと一緒にいるとしたら心から楽しめる人たちといたい。

私はイライラさせられる人たちと一緒にいたくないし、不満やグチばかり言う人もごめんだ。周りにいる人に影響されやすい性質のせいもある。だからグチばかり言う人と一緒にいたら、自分もグチっぽくなってしまう。

この戦略はあなたの人生の質を向上させるうえで役だつ。

あなたの周りの人たち、とくにあなたが選んだ人たちは、あなたの生き方や気分に大きな影響を及ぼす。いい仲間を選べば、人生はもっと楽しくなり、ストレスから解放される。

●026●

# 反論にうなずく

私たちはそれぞれに人生観がちがう。それぞれに好みがあり解釈の仕方もさまざまだ。育てられ方もまちまちだから、ケンカの仲裁の仕方やその原因についての理解もまちまち。なにが大切かについても人それぞれの意見があり、人の言動に、いちいち欠点を見つけがちだ。正しいと信じられる例にこだわって、それが真実だと主張したりする。手短に言えば、私たちの人生の見方はつねに論理的でまともで正しい――自分にとっては。問題は、誰もが同じことを考えている点だ!

夫や妻、子供たち、両親、友人、近所の人、だれもが自分の見方がもっとも正しいと信じている。あなたの周りの人たちは、あなたがなぜ彼らと同じような見方や考え方をしないのかふしぎがり、そうしてくれたらいいのにと思っているはずだ。

そうわかっているのに、なぜ私たちは人と意見が一致しないことで悩んだりいらだったりするのだろうか? その答えはごく単純だ。私たちは、人がそれぞれ心理的にちがう現実に生きていることを忘れているのだ。人生観というのは、人それぞれの人生のさまざまな事実に影響されている。私の子供時代と人生経験は、あなたとはまるでちがうだろうから、生き方自体がちがってくるのは当然だ。私がイライラする出来事はあなたにとってたいした意味はないだろうし、逆のケースもある。

もっと穏やかでカッとしない人になる秘訣は、人はちがっていて当然だと自分に言いきかせることだ。いちいち驚かずに、その事実を受け入れよう。愛する人から反論されてもカッとせずに自分にこう言おう――「もちろん、彼女の見方や考え方がぼくとちがって当たり前だ」と。解釈が一致しないときに自己防衛するかわりに、たまたま意見が一致したまれな機会に感謝できるかどうかみてみよう。

反論に同意することはできる。あなたの見方がまちがっているというのではなく、人がいつも同意しなくても頭にくることはないのだ。自分の意見や価値観にこだわるのはいいが、人の意見も同じように尊重して理解しなければならない。ほとんどの場合、相手は、あなたに尊重されているのを察して態度をやわらげるはずだ。さらにこうした穏やかな態度が身につけば人の意見にもっと関心をよせるようになり、人からも求められる存在になるだろう。人のベストな部分を引き出すことを学び、相手からも自分のベストな部分を引き出してもらおう！　そうなればだれもが勝者だ。

見方を少し変えるというシンプルな戦略が、多くの結婚生活、友情、家庭を救ったのを見てきた。さっそく今日から「反論に同意できる」かどうかためしてみよう。

# ●027● 自分を卑下しない

悲しいことにこれは真実だ。私たちのほとんどは自分を卑下したり厳しい自己批判をする癖がある。

「私はデブ」とか「ダメ人間」とか「なにをやってもちゃんとできない」などと言ったり思ったりする。この月並みすぎる癖におちいったことは？

自分を卑下すると、どれほどあなたがすばらしい人でどんなに長所があるにせよ、いつも自分が探しているものの証拠を見つけてしまうのだ。

たとえば、どうしても減らせない二キロほどの体重を気にしすぎると、ウエストラインを見るたびにそれを意識する。体重が減らなくても健康状態は最高なことを認めようとしない。または「親戚の集まりは苦手だ」と思っていると、決まって不快の原因を発見してしまう。そのなかの気に入っている人たちと楽しく話すかわりに「サラおばさんのキンキン声」ばかり気になり、だれかの自慢癖にいらだったり「飲んべのおじさん」を批判したりして、本当はいい人ばかりだと気づかない。

自分を卑下すれば、その証拠を探すようになるのはもう、おわかりだろう。卑下する正当な理由を探しては自信を失い、自分の長所ではなく欠点をいたずらに強調することになる。さらに、人はそんなあなたを犠牲者かなにかのように感じるだろう。

いつも自分を卑下する人たちは、人生に感謝する気持ちに欠けた不平屋とみられがちだ。それが子供や家族や友人のどんなお手本になるかは言うまでもない。自己否定は厳しい結果をともなう悪い癖だという私の主張がおわかりいただけただろうか。

もちろん、自分を向上させたい思いはだれにでもある。たとえば私は、もっともっと忍耐強くなりたいと思っている。すぐに動揺する癖を自覚しているが、だからといって自分をやっつけて卑下することはない。そんなことをすれば欠点が強調されて落ち込むだけだ。向上の余地があることを知り、もっと忍耐強くなるという目標に向かって努力するしかない。自分に対して寛容になり忍耐強くなれば、人に対しても同じようになれる。

あなたがどの欠点を直そうと努力していようと、厳しい自己批判だけはしないように。自分の弱点を認め、それを改善するのはいいことだが、ひとりでいるときも人前でもけっして自分を卑下しないこと。

あなたの卑下などだれも聞きたくはない。完璧になれる人などいないが、自己否定しても何もはじまらない。

## ●028●
# ホラー話の交換をしない

外で仕事をしようと家にいようと、どこの家庭でも夜は一緒に時間を過ごし、ホラー話の交換をする光景が見られる。どんなことかと言うと、会話の大部分がその日のゾッとする出来事についやされるのだ。

たとえば、その日がどんなに不快だったか、上司にどれほどキツイことを言われたか、子供たちがどんなに言うことをきかなかったか、いやな思いをしたかなどなど。夫や妻、またはパートナーに、自分の人生がいかに困難かわからせたがる癖があるようだ。

この癖が大きなまちがいだという理由がいくつかある。まず、愛する相手と過ごす大切な時間はかぎられている。その日どんなにいやな思いをしようと、それを夜また再現することはない。その日のいやな出来事を思い返すのはそれを追体験するのと同じ。ストレスと落ち込みのもとにしかならない。

第二に、いやなことに焦点を合わせると、日常のプレッシャーや困難さがよみがえり、もっと肩をいからせて生きなければと考えてしまう。

ホラー話に注ぎ込むエネルギーを減らすだけで、たちまち魔法のように気分が楽になるだろう。頭をかかえるような問題や悩みなどないというのではなく（私たちはみんな悩んでいる）、人生の苦労を披露し合うと高くつく、という意味だ。この癖を手放せば、自分が誇りにしている明るい一面やうまくいっていることが見えてくる。あなたがその日の明るい部分に目を向ければ、配偶者やパートナーもすぐにまねするはずだ。ほとんどの人は明るい面に目を向けたほうが、はるかに楽しいと気づいている。そうすれば新しいドアが開かれ、新しい興味がわいてくる。

わかっていただきたいのだが、いま起きていること——最悪のことを含めて——について話し合うのはよくないと言っているのではない。ときにはそれも必要だ。この戦略には例外がたくさんある。私が言いたいのは、その日のゾッとする出来事を夜に話し合う習慣をやめて普通の会話をしようということだ。本音をさらけ出したい気持ちもわかるが、ネガティブな思いは水に流すほうがずっと気分が楽になる。

生きるのは骨が折れるものだとみんな知っているし、毎日じたばたしなければならないこともわかっている。問題は、暗い話を分かち合ってどんなメリットがあるかということ。ときにはこの癖が顔を出す私だが、それが夜のくつろぎの時間をどれほど邪魔するかには気づいている。あなたもまたホラー話をしたくなったとき、それを胸に秘めておけるかどうかやってみれば、自然に心が癒《いや》されるにちがいない。

## ●029● いいお手本になる

最近、「いいお手本になる」ことを五歳の娘に教えられるという経験をした。私は日ごろから地域社会に小さな貢献をすることにしている。それは、できるかぎりゴミを拾ってクズかごに入れること。もう何年もやっているが、私たちの道路や公園や近所をきれいにするためには、とても大切だと、娘たちにも言いきかせていた。

その日、次女のケンナと私はコーヒーショップから出て車に向かっていた。地面にゴミが落ちているのに気づいたが、たまたま拾わなかった。車に着いたときケンナがいないことに気づいた。心配して捜すと、彼女はゴミを拾ってクズかごに入れていた。そのとき彼女が言ったことがこのエピソードの核となる。

「ダディ、なにか忘れていない？」

子供がいようといまいと、この戦略は頭に入れておく価値がある。自覚の有無にかかわらず、私たちはなんらかのお手本を示しているのだ。私たちの行動は人から見られ、周りの人々の意識に組み込まれる。一つの行動が人を変えるとまではいかなくて

も、蓄積されれば効果を発揮する。どんなお手本を示すかは私たちにかかっている

――愛情にあふれ、前向きで、思いやりのあるお手本になるか、なまけもので無気力で自分本位なお手本になるか。

あらゆる機会にいいお手本になろうとすると、行動そのものがストレスになる。たとえば私は、渋滞中や行列待ちをしているときはキチキチしないようにしている。そのほうがストレスが減るというだけではなく、完璧にしなくても楽しく穏やかに生きられることを周りの人たちに知らせたいためでもある。

あなたが周りの人たちにどんなお手本を示しているか見てみよう。それはあなたが示したいお手本になっているか、それともちがうお手本を示したいか？

答えがどうであれ、これは大切な自問だ。あなたの人生からストレスを減らし、あなた自身と周りの人たちにもっと有意義な行動と態度をとれるかどうかの分かれ道になるのだから。

## ●030●

# 穏やかな降伏

穏やかな降伏とは、私が家の内外でなにかを「水に流す」ときに使う言葉。人生の大混乱に優雅さと謙虚さをもって降伏するという意味だ。事態をあるがままに受け入れ、もがくのをやめることだ。

私たちはよく手に負えないことに抵抗してしまう。騒音、混乱、気に入らないコメント、なくし物、無礼な態度、ポタポタもれる水道管、詰まった排水溝などなど。私たちはそれにむかついたり悩んだり、こんなじゃなければとグチったりする。

だが、どれほど不満をぶつけても結果はいつも同じ——不満のタネは消えてくれない。歯ぎしりしても拳《こぶし》を握ってもなにも変わらないどころか、火に油を注ぐだけで事態はさらに悪化する。

穏やかな降伏とは、あきらめることではない。どうでもいいやと投げることでもない。あるがままを受け入れ、こだわりを捨てて水に流すことだ。

この戦略はとてもシンプル。こんなはずじゃなかったらと思っても（または要求しても）そうはならない。起きたことは起きたことだ。だからといって改善する必要がないというのではない――それが必要で大事だと感じたら改善すべきだ。この戦略の目標は、自分の思いどおりにいかないときの欲求不満の解消にある。

まずは小さなことから始めよう。

たとえば、お皿を洗っていたとき人間らしさが顔を出して床に落として割ったとする。悲鳴をあげて地団駄をふむかわりに、あるがままの瞬間を受け入れてみよう――つまり、お皿が割れたという瞬間を。パニックになることはない。いまあなたの前には割れた皿がある。問題は、どうすべきかということだ。皿はもう割れている。腕まくりして皿をもう一枚割ることもできるし、リラックスして自分の人間らしさにユーモアを感じることもできる。

もう一つの例は配偶者とのかかわり方だ。夫か妻になにか気にさわることを言われたら、いつもとちがう反応ができないかどうかためしてみよう。相手の「批判癖」にイライラしないで「水に流せるかどうか」やってみよう。皿と同様、そのコメントはすでに口に出されたのだ。どんな反応をするかはあなたしだいだ。いつもの反応をやめてもっと穏やかな反応ができれば、すべてが収まるのがわかるだろう。

わが家には娘がつくったちょっとした格言がある。なにかが壊れたりうまくいかないことがあると、娘の一人がこう言うのだ――「あらあら、こんなこともあるのよね！」。それに対してもがいてどうなる？

穏やかな降伏をためしてみれば結果に驚かれるだろう。穏やかになればなるほど生きるのが楽になる。否定的な出来事がふくれあがる前に阻止するようになるからだ。ちょっと練習すれば大混乱を新しい視点で見られるようになる。あなたの人生のドラマがめっきり減るのはたしかだ。

今日から「穏やかな降伏」をためしてみよう。

●031●

# 「自分だけの儀式」をつくる

まず自分のことを考えてはどうかと私が提案すると、みんなが必ず「それは利己主義じゃないか？」と聞いてくることに前から興味をもっていた。この機会に、その問題に終止符を打ちたいと思う。

この提案は、あなたが満足していれば、人の要求にも応じることができるという理解から生まれた。

自宅でもっとくつろいだハッピーな人でいたい、というのがあなたの目標だとしたら、もっとも効果的なのはあなただけの行動をつくり出すことだ。

たとえば、私はだれよりも早く起きるというのを「自分だけの儀式」にしている。その時間はストレッチしたり、コーヒーを静かに飲んだり、好きな本を一、二章読んだりして過ごす。たまには瞑想《めいそう》したり人生を振り返ったりもする。私は、一日のその時間をとても大切にしている。

もちろん人はさまざまだ。エクササイズの時間にあてたり、本屋をぶらついたり、好きな時間にお風呂に入ったりシャワーを浴びるという人もいるだろう。ポイントは、それがあなたの時間だということ——あなただけに予約された特別な時間だ。

私が前にやっていた儀式は、仕事から帰るとき家から数ブロック手前で車を止めることだった。木立や植物がたくさんある場所で車を止め、数分ほど周りの景色をながめたものだ。時間も手間もかからず、私の帰りを待っているエネルギッシュな子供たちに会う前にホッとひと息つくことができた。その数分間で深呼吸し、愛する家族のもとに帰る幸せをかみしめた。美しい木々や植物をうっとりながめ、数分後に家に向かって車を走らせたものだ。

その時間がとれる、とれないの差はとても大きかった。疲れてむっつりして家に入るかわりに、ゆったりとやさしい気分で帰ることができた。その差は家族からも感じとれた。私がくつろいでいるのを察したからだ。

朝ちょっと早起きする、お風呂に入る、帰宅途中で足をとめてバラの香りをかぐ——なんでもいいからなにか始めよう。あなただけの儀式をつくろう。たった数分が、どれほどの価値をもたらすか驚かれるにちがいない。

## ●032● 子供がいたら予定はひとまず横におく

これはなかなか実行しにくい戦略だが、ためしてみる価値はある。

家での予定がなにも（またはほんの少ししか）なければ、こなさなければならない予定がある日よりはゆったり過ごせる。決めた予定をこなすことにこだわると、ほとんどいつも失望させられる。たとえ予定をすべてクリアできたとしても、疲れはてて憤りすら感じるかもしれない。

どんな人でも、予定や計画、義務や目標をきっちりこなさなければならないときがある。そんなとき、この提案が役にたつはずだ。予定をこなそうとガチガチになっているとストレスがどれほどたまるかみてみよう。それだけではない――ガチガチになればなるほど、予定がこなせないことに気づくだろう。それは流れにそってギアを変える余裕がないほどガチガチになっているせいだ。

子供がいれば、その日なにが起きるか予測するのは不可能だ。変化や不確実なことを受け入れるには柔軟性と順応性がいる。

予定は頭の後ろにおいておくのが賢明だ。つまり、理想的にはどうしたいのかを頭に入れながら、是が非でもやりとげてみせるという意志は手放すのだ。次に、その計画に向かって動くチャンスをそっと捕まえる。

たとえば、電話を三本かけて、車を修理屋に出して、食料品の買い出しに行くという計画があったとする。そのどれもやる暇がないと欲求不満におちいるかわりに、どれだけ忍耐強くなれるかためしてみよう。さあ、リラックス。

「これじゃ主夫だ」とか「まったくいやになるよ」などといらない検証で頭をいっぱいにせず、できるかぎり目の前のことに意識を集中させよう。セカセカしないでゆったりかまえていればチャンスは向こうからやってくる。ゆったりムードのときは反応力も高まるため、到来したチャンスを逃がさずタイムリーに責任を果たせる。

たとえチャンスがこなくても、この姿勢を保ちつづけることができるし、長い目で見ればそういったことはすべて「小さなこと」だと思えるようになるだろう。

# ●033● 家庭を愛のしるしで満たそう

人生は面倒なことや問題だらけだからこそ、愛のしるしでその衝撃をやわらげる必要がある。

クリスと私は、家庭を愛と幸せのしるしで満たすためのシンプルな（しかもお金がかからない）方法を見つけた。実践してみれば人生の明るい面をたえず思い起こすようになるだろう。

愛のしるしは、美しいもの、特別な思い入れがあるもの、アート感覚のもの、軽やかなもの――愛と思いやり、やさしさと共感を覚えるものならなんでもいい。たとえば子供の絵や工作、切り花、美しい詩が記された壁かけ、心がなごむ本、愛する人たちの写真などだ。

コメディアンのスティーヴ・マーティンがやっていた寸劇はとてもおかしかった。彼はバンジョーを弾きながら、こうやってれば憂鬱《ゆううつ》な気分にはなれっこないさ、と歌ったのだ。陽気にバンジョーを弾いていると暗くて不幸な気分がばからしくなる、と。あなたの家を愛のしるしで満たすのは、これに通じるものがある。愛と美のしるしがいたるところにあると、がっくり落ち込んだりストレスまみれになるのはかなり難しい。

わが家では、友人や家族の写真があちこちの壁にかかっている。その写真を定期的に動かしたり並べかえている。どの部屋にも愛が感じられる本を置いたり、子供たちが作ってくれた工作を飾っている。私に子供がいなかったら、友人や近所の人たちに子供の絵がほしいと頼んでいたはずだ。子供の絵や工作があまっている家庭はたくさんあるし、子供たちに絵を描いてと頼めば喜んで描いてくれるだろう。子供たちの図工は見て楽しく愛を感じさせてくれるので、それがない私の家は想像できない。娘たちも庭の花をつんで花瓶にさすのが大好きだ。

この戦略のやり方はさまざまだ。要は心のもち方。いったん効果がわかると、はまるはずだ。

さっそく今日から家の中に愛のしるしをあふれさせよう。玄関に入るたびに、帰ってきたことに喜びを感じるだろう。

## ●034● お金のことで落ち込まない

正直に言おう。私たちのほとんどは、充分にお金があればやりたいこと——旅行、家の改修、念願の買い物——ができるのにと感じている。問題は必要なお金があるかどうかではなく、そういう事実をどう扱うかにあるようだ。その事実をどうみるかで人生と家庭の質が大きく左右されるのはたしかだ。

私もそうだったが、お金の余裕がないとグチを言い、それを楽しく遊べないことの言い訳にしてしまう。豪華な旅行や広いマンションへの引っ越しをあてもなく夢みて、現実にできる小さな旅や趣味を忘れ、狭いマンションで快適に暮らす努力をしない。

私の親友の一人は、ごくかぎられた生活費しかない。彼がそのかぎられたお金でどれぐらい豊かに暮らしているかには驚くばかりだ。彼は日帰りの旅とキャンプが大好きで、めずらしくて美しい風景写真を見せてくれた。ロック・クライミング、花、鳥、海の観察を趣味とする彼のハイキングやピクニックは想像もつかないほど豪華だ。

彼ほど知識があり楽しい人には会ったこともないが、州の外にはめったに出ない。私が住むカリフォルニアには、ほんの数時間で行ける風光明媚《めいび》な場所がたくさんあると彼に教わった。彼は家の近くにある州立公園に一度も行ったことがないのに、貯金を下ろしてヨーロッパに行く人のことをくすくす笑う。彼とは十年来の友達だが、お金のグチを一度も聞いたことがない。私は彼をこの地上で「もっとも豊かな人」だと思う。

あなたにも同じ考え方ができる。お金がないのが問題だと感じるたびにこれを取り入れてみよう。親戚に高価なクリスマス・プレゼントを買う余裕がないと嘆くこともできるが、彼らに手作りの料理やクッキーを贈ったり、時間をかけて探したきれいなカードを送って誇らしい気分になることもできる。それは私たちの心のもち方しだいだ。多くを求めて喜びの瞬間を延期させるか、それともいまあるものを最高に生かして前向きに生きるか?

もっているもの、できることについて考えずにその逆のことを考えるたびに、私たちがもっているものとしたいことのギャップが広がる。そのギャップが大きなストレスのもとになる。自分の不幸や退屈の原因をお金がないせいにするのをやめれば、そのストレス源を取り除ける。もっとほしがってはいけない、もっと手に入れようと努力するのがいけない、という意味ではない。すでにもっているものを充分に楽しもうと言いたいだけだ。できないことではなくできることに焦点を合わせると、一つ確実なことが起きる——あなたの楽しみはいままでよりぐっと増えるだろう。

●035●

# 一日を愛で始め、愛に生き、愛で終わる

これをマスターできたら、私たちはマザー・テレサのように人類の偉大なお手本になれるだろう。それほど難しい戦略だが、努力するだけの価値は十二分にある。

じつは、この戦略はとても簡単だ。愛に生きることを最優先順位にしようといつも自分に言いきかせればいいのだ。愛より大切なものはないと心に決めるとふしぎなことが起きる。

「小さいこと」が片隅に追いやられ、人生の美と喜びに向けて意識が開かれる。日常の暮らしの質がとてつもなく向上し、人生でもっとも大切なことを味わえるようになる。

「一日を愛で始める」とは、目覚めたとき心を開き、あらゆる機会をとらえて愛を表明しようと自分に言いきかせるという意味だ。

「一日を愛に生きる」とは、あなたの選択や行動を、愛と忍耐と思いやりから出るものにしようという意味だ。そうすれば、ものごとを大げさにとらえたり個人的に受け

とめたりせず、客観的な見方を保つことができる。自分と人の欠点に寛大になり、人を批判したい思いを抑えられる。また、できるかぎりいつも寛大で思いやりがあり、穏やかで誠実な人でいようとつとめるという意味でもある。

「一日を愛で終わる」とは、眠る前に一日を振り返って感謝しようという意味。祈りの言葉を口にしたり瞑想する人も多いだろう。その日を振り返って、愛に生きるという目標にどれだけ近づけたか数えてもいい。

べつに点をつけるとか自分に厳しくするというのではない。愛ある行為がもたらす平和を実感し、明日はもっと愛せるようになるための、おさらいの時間だ。

●036●

# 夫や妻をないがしろにしない

このテーマで一冊書いてもいいぐらいだが、ページはかぎられているのでずばりと核心にふれることにする。

配偶者をないがしろにすると、相手との関係にひびが入ることは百パーセント保証する。ないがしろにされるのが好きだという人に私は一度も会ったことがない。

夫や妻（ほかのだれでも）との関係をこわす最大の要素の一つは、相手をないがしろにすることだ。たとえば「私の人生を楽にするのはあなたの仕事、私の仕事はそれを期待すること」などと言うこと。これは痛い！

配偶者をないがしろにするやり方はごまんとある。

自分の役割のほうが大切だと思ったり、自分のほうが貢献度が大きいから「相手はラッキーだ」と思ったり。私たちは「どうぞ」と「ありがとう」を言うのをつい忘れてしまう――まるで言わない人もいる。自分がどんなに幸運か、相手がいなくなったらどれほど悲しいかは頭から飛んでいるのだ。

ときには傲慢《ごうまん》になり、友人にはしないような態度を示す。あるいは人の前で「相手のかわりに」しゃべる。相手がなにを考えているかわかっていると思い込み、かわりに決断をする。さらに相手にいつも期待するという共通の過ちがある——掃除された家、温かい食事、充分な家計費、きちんと刈られた芝生。そういったことは相手がやるべきだと思い込む。そのうえ相手の話を真剣に聞く人はほとんどいない。自分に興味のある話題でないかぎり耳を傾けようとしない。そう、リストはえんえんと続く。

夫婦の五十パーセント近くが離婚し、残りの多くが苦しんだり不満な思いで暮らしているのも当然ではないか？　原因がはっきりしているのに、私たちはなぜか同じ過ちを犯しつづける——相手をないがしろにすることを。

その逆もまた真なり——認められ感謝されることほど、気分がいいものはない。あなたが配偶者や大切な人と、はじめて出会ったときのことを考えてほしい。とてもすばらしい気分だったはずだ。お互いに心から認め合って愛情を深めたはずだ。「声が聞けてうれしい」とか「電話をくれてありがとう」とか言ったはずだ。相手をほめる、小さなプレゼント、カード、思いやりなどで自分の思いを相手に伝えたはずだ。たえず感謝の言葉を口にしてけっして相手をないがしろにしなかっただろう。

夫婦は長年の間になれ合いになって、感謝などしなくなると信じる人が多い。それはちがう！　相手を認めて感謝するのは、百パーセント自分でコントロールできることだ。感謝しようと思ったらそうするだろう。そうすればするほど感謝のタネに敏感になるという健全な習慣が身につく。

私の妻は、人を認めて感謝することにかけてはピカ一だ。どれほど私を愛しているか、私と結婚してどんなに幸運か、いつも言ってくれる。私もまったく同感なので同じ言葉を返すようにつとめている。クリスがそう言ってくれるたびに、彼女に対する愛が深まるのを感じる。自分もそうだと彼女も言う。だが、私たちは相手の愛を求めてそうするのではなく、お互いに友人でありパートナーであることがどれほど幸運か、それに焦点を合わせるだけだ。

たとえば、私が講演旅行に出かけるとき、クリスは「家族のためにがんばってくれてありがとう」というメッセージを残してくれる。同じころ私も「留守のあいだ、子供たちの世話をしてくれてありがとう」とメッセージを入れる。私たちはそれぞれが同等にがんばっていると感じ、同じチームの仲間だと感じている。彼女が出張して私が家にいるときも逆のメッセージを送り合う。

結婚して十五年以上になるが、出会ったときよりもいまのほうがもっと愛し合っている。そのわけは、お互いに相手をないがしろにしないと心に決めたおかげだと確信している。

この戦略をためしてみれば、そのパワフルさに衝撃を受けるにちがいない。しばらくは相手からなにを返してもらうかは忘れて、相手になにをあげられるかに焦点を絞ってみよう。自分のパートナーをないがしろにすまいと決めさえすれば、相手は同じことをするようになるだろう。

感謝されるのは気分がいいものだ。ぜひやってみてほしい、きっと気に入るから！

●037●

# 欲望に天井をつける

これはとても大切な精神的、実用的なレッスンの一つだ。これを学べたのは私にとってラッキーだった。「ラッキー」と言ったのは、このことを知らなければ幸せは「いつかやってくるもの」で「その途中で味わうもの」とは思いもしなかっただろうからだ。

欲望に天井をつけるとは、ふくれあがる一方の願望や欲求にフタをするという意味だ。「もっとあれば幸せになれるのに」という罠《わな》に落ちないために。

天井をつけなければ欲望はどんどんつのる。一つの願望が満たされたとたん、べつの願望が頭をもたげる。

家について例をあげると、「もっと広いマンションに引っ越したら幸せになれる」とか「家を買ったら幸せになれる」とか。気をつけないと癖になり――「もっといい家具（または庭）があれば幸せになれる」――リストはどんどん長くなっていく。同じことが車、衣服、持ちものなどすべてにあてはまる。

だが問題は物だけではないことだ。期待することもそうで、期待しすぎるとたえず不満がつきまとう。

たとえば、あなたの娘がサッカーで一つゴールを決めたとすると、いつかゴールを二つ決めてほしいと願う。彼女の成績表がオールBだとすると、オールAではないことにがっかりする。あるいはいつも時間を守る夫が一度だけ遅刻したときに、ふくれて彼をなじったりする。または、おいしい料理を作ったのに、なぜもっとおいしくできないのかと悩む。もうおわかりだろう。文字どおりすべてにあてはまるのだ。

欲望に天井をつけると、いましていることで幸せになれるという意識がはたらく。また、ほしいものではなく、いまもっているものを意識するようになる。それが感謝の基盤だ。感謝は幸せと満足につながる。天井は「もっともっとの人生」を過ごしたくないという、自分で自分に課した約束だ。

このテーマについて講演すると、決まって誤解する人が出てくる。「どういうことですか、資本主義を信じないんですか?」とか「暮らしのレベルを向上させてはいけないんですか?」とよく質問される。そんなことはない。私は資本主義を心から信じているし、あなたも私もすてきな物や質のいい暮らしに値すると信じている。新しい服を買う、広いマンションに引っ越すといった暮らしのレベル向上に悪い点など一つもない。

あるいは「最高をめざして努力するべきで、家族にもそうするよう励ますべきだと思いませんか?」と言う人もいる。もちろんそう、ベストをつくして向上するのはとてもいいことだし、娘たちにもそう言っている。しかし、「ベストをつくすこと」と「いまよりもっといい人生を要求すること」のあいだには明らかなちがいがある。

私が言っているのは、物であれ完璧さであれ「もっともっと」とたえず追い求め、それさえ手に入れれば幸せになると思い込む癖のことだ。自分にふさわしいものを決めるのはあなたしかいないが、最高の物、豊かな生活費、自分や人の完璧さに対する欲求は非常に正当化しやすいということは言っておきたい。「あと一つ」「もう一回」が幸せのカギだと思い込むようになるからだ。「もっとほしがるのはいいことではない」とか「もっとあっても幸せになるとはかぎらない」とか「これで充分」と自分に言いきかせるには大いなる知恵がいる。

この戦略をためしてみれば、いままで知らなかったような充足への道が開かれる。あなたの人生は前よりはるかにシンプルになり扱いやすくなるだろう。ストレスやプレッシャーも減るはずだ。ほしいものについて考える時間が少なくなり、浪費にばかり心が向かなくなり、ちょっとしたことでも満足するようになる。

いいことずくめなので、ぜひためしてほしい。人生観が大きく変わるだろう。

●038●

# 今回は相手に勝たせる

相手はだれでもいい――子供、配偶者、両親、友人、ルームメイト。口論の相手に勝たせたってどうということはない、というのがこの戦略の趣旨だ。

じつはこれがストレスの解消になる。相手が勝ったからといってあなたが「負けた」わけではない。話を聞いてもらったと相手に感じさせることは、こちらの意見を押しつけたり、自分の正しさを主張しようとエネルギーを使うよりずっと満足感がある。

豊かな暮らしという視点からみると、口論のときにはだれも勝者になれない。人と人とのあいだに摩擦が生じると、理想とはほど遠い反応がゆきかう。口論は二、三人がそれぞれ自分を主張しようとしているにすぎない。その結果みんなが不快になる。口論になるとだれも相手の話をほとんど聞いていない。最後はムカムカ、欲求不満、ストレスがたまるだけだ。

しかし、相手に勝たせようという気になると、あなたも勝者になることがよくある。あなたの気分が穏やかだから、相手との関係を向上させるチャンスともなる。

頑固さや正義感からではなく愛と思いやりから口論への参加を断ると、問題があっというまに自然に解消される。だれかが口論や熱っぽい議論を始めたとき、あなたはさっと決断しなければならない――飛び込むか、引き下がるか？　自分の意見や正しさを主張するか、相手に勝たせるか？

ときどき娘の一人が「ちっとも遊んでくれないじゃない」などと不平を言うことがある。そんなとき私は「それはちがうよ、ずいぶん一緒に遊んでいるじゃないか。覚えてないのかい、昨日も一緒に公園で遊んだあとでランチに行っただろう？」と反論したくなる。

しかし、私がまともに反論するとますます口論がひどくなることに気づいた。「そうだね。もっとたくさん遊ぶようにしたいな。一緒にいると楽しいから」と言うほうがずっといい答え方だ。こんな答えをすれば口論の芽をつむだけではなく、私が本気でそう思っていると娘に伝えられる。

本当に必要なときに自分の立場を弁護するのをやめろとか、人にやっつけられるがままになれといっているのではない。

たまには相手に勝たせることは、じつは力がある証拠なのだ。あなたには客観性と忍耐があると示すことができる。いつもとは言わないが、そうすると相手もたいてい同じような行動をとるものだ。

# ●039● まともなペースを保つ

いまの時代は「クレイジー」としか言いようがないほどせわしない。生活費を稼ぎ、子供を育て、日常の責任を果たしたうえに、社交行事やフィットネス、慈善事業やボランティア活動、レクリエーション活動に参加する人も多い。

私たちは必死で体形を維持し、いい親、市民、友人でありたいとつとめている。ほとんどの人は、できることなら楽しい経験もしたいと願っている。問題は、それぞれに一日二十四時間ずつしかないことだ。できることはかぎられている。

暮らしのペースが速まった理由はたくさんある。テクノロジーの発達、つのる一方の期待。コンピュータ、エレクトロニクスその他の技術開発で世界はますます狭くなり、なにもかも速くなり、私たちの持ち時間の限界をおおい隠してしまった。

残念なことに、それが人をせっかちにして、なんでもただちに手にしないと気がすまなくさせている。ファーストフード店で数分待つのにイライラしたり、コンピュータの立ち上がりが遅いとカッカする人はたくさんいる。ちょっと渋滞しただけでストレスがたまり、快適な車やバスに乗っていることは頭から消えてしまう。期待がつのるあまり、なにもかも同時にしたいと願うところまで行ってしまったようだ。なにもかも不足だ――もっと速く、もっとたくさんしなければ！

たくさんしようとすると、次から次にこなすために走りまわるはめになる。せかせかしているといらだちやすくなり、「小さいことにくよくよする」ようになる。さらに、急いでいるときの頭の中は次になにをするかを考えているため、いましていることに満足が感じられなくなる。

まともなペースを保つのは、まともな人になる以上の効果がある。せかせか動きまわっていると見失ってしまう豊かさを味わわせてくれる。活動の合間に空白のときを入れると、充分な時間の余裕があると感じて穏やかな気分になれる。まともなペースを保つといいことが起きるし、満足感がちがう。

せかせかと五つのことをやるか、ゆったりと四つのことをやるかのどちらを選ぶかと言われたら、私は後者を選ぶだろう。むろん、人生には駆けめぐらなければならないときもある。そんなときは自分の体がばらばらになったような気がする。しかし、せわしなさの一部は自分でつくっているのだ。

せかせか癖を自覚し、まともなペースを保つという目標をもつだけで、ペースダウンして少し穏やかに生きられるようになる。

## ●040● 犠牲者ぶるな！

言うまでもないが、私たちはみんな人間関係のなかで犠牲をはらっている。ほとんどの犠牲ははらうだけの価値があるが、ほとんどのことと（いいことも含めて）同様にやりすぎはやりすぎだ。

もちろんストレスの耐性、責任、睡眠不足、犠牲、苦労といったものは人によってちがう。

言いかえれば、あなたにとっていとも簡単にできることが私には難しいし、その逆も成り立つ。だが、正直に自分の感情を見つめればストレスが耐性のぎりぎりまで上がっていると、自分自身わかる。そうなるとものすごくいらだって欲求不満や憤りを感じる。自分は人よりずっとがんばっている、だれよりも仕事をしていると義憤を感じるかもしれない。

多くの人（私も含めて）は犠牲者になる誘惑におぼれる。そうなりやすい理由は、必要だからがんばることと、必要だと思い込んでがんばることの差がごく小さいからだ。

だが、悲しいことに犠牲者を評価する人はだれもいない。当人にとっても犠牲者気取りは最悪の敵だ——頭にはやるべきことのリストが詰まり、苦労だらけの人生をかみしめているのだから。この頭の中の伏兵は、人生から喜びを奪ってしまう。周りの人たちにとっても、犠牲者は視野の狭いグチ人間としか映らない。当人は犠牲者とみられたくてやまやまなのだが、みんなは彼に同情するよりも本人が自分でグチのタネをつくっているだけだとしか思わない。

自分にその傾向があると思ったら、すぐやめるようにおすすめする！　人のためにエネルギーを百パーセント使わず、だれかにやってもらう余地を残しておこう。なにか趣味を見つけよう。一日数分でいい、自分だけのためになにかをしよう——心から楽しめることを。

そうすれば二つの驚きが待っている。一つは実際に人生を楽しむようになり、ストレスが減るにつれてエネルギーが増えるだろう。犠牲になっていると思い込む憤りほど、エネルギーを奪うものはない。次に、義務感からすべてをこなす感覚が薄まると、周りの人からの評価も高まるだろう。あなたに憤られていると感じるかわりに、あなたから評価されていると感じはじめるのだ。

手短に言えば、あなたが犠牲者ぶるのをやめれば、みんながハッピーになれる。

## ●041● 期待を手放す

「言うは易《やす》く行うは難《かた》し」という言葉があてはまるとしたらこれだろう。期待は人生の一部で、私たちの思考に組み込まれている。しかし、こうあってほしいという期待をほんの少しでも手放し、心を開いてあるがままを受け入れれば、より穏やかで幸せな人生を歩めるようになる。

悲嘆やストレスのほとんどは過剰な期待から生まれる。「こうあってほしい、あの人にこうなってほしい」と願っても思いどおりにいかないとき、怒りや悩み、失望、いらだちが始まる。思いどおりになることはめったにないので、多大な時間を落ち込みや失望につぃやし、「もう一つの人生」をたえず切望して過ごすことになる。そうなると自分にも原因があることは忘れて、自分のストレスや欲求不満を環境のせいにしてしまう。

昨日、クリスにちょっとした心の隙《すき》をつかれた。私は熱中しやすいたちで、人もそうであってほしいという期待に相手（とくに家族）がこたえないとガックリくる。

昨日はとても暑く、私は近くの市民プールに行きたくてたまらなかった。娘たちに一緒に行かないかと誘うとガックリする反応が返ってきた。「すてき、早く行こうよ、ダディ」を期待していたのに「どっちでもいい」と言われたのだ。「みんなどうなってるんだ?」とぼやいたとき、クリスが笑顔で割って入った。「なんだったっけ――こうあってほしいという期待を手放し、あるがままを受け入れるとか言ってなかった?」。ぎゃふん!

期待をすべて手放せと提案しているのではない。なにかを主張したり、一定の基準を要求するときはあるし、それはそれでいい。だが期待を少し手放すことは基準を下げることとはちがう! 高い基準を保ちながら期待を客観的にとらえることは可能だ。ここでの目標は人生の質を高めることと、つまらないことに支配されないことにある。

期待を少し手放すことで、あるがままの人生をもっと楽しむようになり、こうあってほしいと、あがく度合いが減るだろう。

●042●

# 配偶者の両親にありがとう

これは私にとってじつに簡単なことだ。というのもクリスの両親のパットとテッドがとてつもなくすてきな人たちだから。私の両親もいい人たちだから、クリスも幸運だと言っておかないと。

しかし、多くの人にとって義理の両親は目の上のたんこぶのようだ。たとえ彼らを好きでも、結婚生活はある程度の折り合いで成り立つ。たとえば休暇を過ごす場所。異なる環境や育ちに加えて、宗教、しつけ方、お金や時間の過ごし方など、ちがいは無数にある。こういった明らかなちがいはあるとしても、ほとんどの義理の家族関係はお互いに敬意と思いやりに満ちたものにできると私は信じている。

義理の家族とうまくやるには感謝の気持ちをもつことがカギだ。ちがいを突きつけられる場面が必ずくるが、感謝の思いがあれば抵抗したり、もがいたりせずに認めることができる。

つい忘れがちだが、あなたが配偶者を愛しているなら、その両親には大きな恩があるはずだ！　彼らが配偶者を産んでくれなかったら、ほかの人と結婚したか独身だったかもしれない。だから、あなたがどう思おうと、彼らなしではあなたの配偶者は存在しないのだ。

「彼がこんなに欠点だらけなのは、このお姑《しゅうとめ》さんのせいよね」などと皮肉っぽく考える前に、その法則はほかにもあてはまると頭に入れておこう。配偶者の欠点を親のせいにするなら、その長所も同じように評価するのがフェアだろう。あなたに子供がいるなら、彼らの遺伝子もまた祖父母譲りなのだ。彼らがいなければ子供たちもいなかっただろう。子供がかわいいと思うなら（そう思わない人はいないが）、信じたくはないだろうが、そのかわいさも祖父母譲りなのだ。

はっきり言っておくが、私は「砂に頭をつっ込んでなにも見ないふりをする」タイプではない。すべての舅《しゅうと》と姑関係に厄介な要素があるとわかっている。遠い将来の私の義理の息子との関係も厄介だろうと思う。しかし、ほかにどんな選択がある？　義理の親たちについてグチをこぼしたり意地悪い冗談をとばし、「あんなじゃなけりゃな」と願いつづけることもできるし、彼らのイライラする側面や性格をあまり気にせずいい面に意識を集中させることもできる。

その決断は難しくないと信じている。感謝することを忘れなければ、つきあい方を意義あるものに改善できるだろう。

●043●
# 気分は心の空模様

気分は避けて通れないものの一つで、だれもが対処しなければならない悩みのタネだ。しかし、気分とはなにかを理解すれば、悩みの大部分は縮小されてあまり手こずらずにすむ。

気分は「心の空模様」で、たえず変化する。そのときどきの気分しだいで人生の見方が変わる。一般に、気分がいいときは人生がうまくいっていると感じる。欠けているものがあるにせよ、家族や家があってありがたいと思う。ほとんどの場合、あるがままに人生を受け入れ最善をつくそうと努力する。問題があってもこの世の終わりなどと思わず、自然に解決策が見つかる。気分が最高なときは、家に庭があれば自然の美しさに見とれ、配偶者や子供たちが心からいとおしい。仕事にも誇りをもち、進んで責任を果たし、日常のイライラに目くじらを立てない。なにかが壊れても修理するか気にしない。だれかに批判されても軽く受け流せる。気分がいいときは客観的な視点とユーモアのセンスが保たれ、人生の賜物を最高に活用しようと思う！

ところが気分が落ち込むと、同じ人生と環境がまるでちがうものに見える。すべてが重苦しく急を要するように感じる。欠けているものにがまんできず、人生に感謝するどころかグチや不満ばかり口に出る。子供たちを愛しているにもかかわらず、すぐカッとなって、うるさいとか世話がやけると感じる。家はなごむ場所ではなく重荷となり、配偶者の言動がいちいち気にさわり、家の内外の問題を相手のせいにする。なにかが壊れたりすると大騒ぎし、すべてを一大事にしてしまう。ひと言でいうと、気分が落ち込んだときは小さいことが一大事になるのだ！

リラックスしよう。程度の差はあれ、私たちはみんなジキルとハイドなのだ。だれでも気分によって人生の見方と経験が変わる。気分が上向くと人生はよく見え、落ち込むと最悪に見える。気分しだいで一時間で見方が変わることを頭に入れておこう。

単純に聞こえるだろうが、自分のいまの気分を確認し、気分は変わるものだと理解していれば、衝動的な反応も減るし人生の質がぐんと充実する。大切なのは気分の変化は避けられないという現実を受け入れること。いつかは落ち込みを経験するんだと理解しよう。この一時間で突然最悪に変わったとしても、それはあなたの気分であって人生ではないのだ。人生や家族やかかえている問題のせいにせず、自分の気分のせいにすることを覚えよう。落ち込んだときにくよくよ悩むほとんどのことは、気分がいいときはなんなく乗り越えられるものだと覚えていてほしい。

●044●

# 仕事を日常のすべてから切り離す

多くの人たちと同様に、私も外にオフィスはあるが家でも仕事をしている。この文章も朝日が昇る前に、二階の書斎で書いている。

仕事を日常のすべてから切り離せないときのストレスほど重いものはない。家で仕事をするなとは言わないが、仕事を生活から切り離す方策をとるべきだ。

もし家で仕事をするなら、専用の電話と仕事部屋をもつといい。「専用電話にお金をかけるのはもったいない」という人が多いが、仕事の電話に家族が出るのがどれほど相手にうとまれているか、彼らは考えていない。

たとえば、私はとても気楽な人間ではあるけれど、仕事相手に電話をして子供が出たり、事情を知らない奥さんが出たりすると少しイライラする。当の相手にこちらの伝言が伝わるかどうか、いぶかってしまう。そんなことなら、べつの仕事相手にかけたほうが楽だとさえ思う。家の電話と仕事場の電話を一緒にすると、将来の有望な客や取引先を失うことになりかねない。ほとんどの場合、失った客は一か月の電話料金より高くつくものだ。

電話より大切なものに「事務管理」がある。仕事を日常生活から切り離すことができれば、物がなくなったりどこかに置き忘れたりが減る。予定表、企画書、電話帳といった重要な情報がどこにあるかすぐにわかる。仕事をするスペースを確保すれば、家は「家族と楽しむ場所」になるだろう。もっと自己管理がうまくなり、時間のムダもなくなるはずだ。

仕事のスペースと居住スペースをごっちゃにする——共通の電話、書類をあちこちに置く、適当な部屋で仕事をする——と、ムダ話の電話をかけたくなったり仕事と関係ないことをやりたくなったりする。その理由は明らか——居間で友人に電話したり、キッチンで片づけものをする習慣が身についているからだ。

私も仕事をほかのすべてから切り離すことを学んだ。娘たちには私のコンピュータで遊ばせないし、私のファイルやファックスも使わせない。切り離しをたえず意識した結果、能率が上がっただけではなく、仕事と生活をごちゃまぜにしていた以前とくらべてはるかにストレスが減った。この戦略をためしてみれば、家庭内の小さいことにカリカリしなくなるだろう。

この項を書きあげたから、下で子供たちがなにをしているか見に行くつもりだ！

●045●

# 愛する人たちを百パーセント受け入れる

悲しいことに、私たちが無条件の愛を示す相手は、私たちがもっとも愛する人たちとはかぎらない。

言いかえれば、他人の無気力や愚かさには目をつぶれるのに、自分の子供たちや配偶者となるとなかなかできないのだ。

これに気づいたのは、私が娘たちに期待しすぎていると親しい友人から注意されたときだった。「あなたは親としての許容範囲は広いけれど、子供たちにいつも元気で幸せでいてほしいと求めすぎてるんじゃない？」と彼女は言ったのだ。「その期待にこたえるのがどんなに大変か、あなたに想像できる？」とも言われた。

頭をガーンとたたかれた気がした。彼女の観察はひどくこたえたが、まったく正しかった。それで私は大いに助けられた。

友人の言うとおりだった。ほとんどの場合、私は人がいつも幸せでなくても気にせずにいられる。あるがままの彼らを受け入れることにかけては優秀な腕前だ。しかし、自分の子供たちが幸せ以外の感情を表すと、がっくりする癖に染まっていたのだ。

もっとも愛する人たちに、いちばんキツイ期待をかけていたことを私は自覚した。もっとわかりやすい例をあげよう。もし近所の人がミルクを床にこぼしたら、あなたは「心配しないで、すぐふくから」と言うだろう。これが自分の子供だったら同じように言うだろうか？　がっくりきたり怒ったりしないだろうか？　あなたが愛しているのは近所の人ではなく、あなたの子供だというのに。または、家族の友人の「ちょっとした気まぐれ」は受け入れても、自分の夫や妻が同じことをしたらカッとしないだろうか？

このねじれた価値観の構造はここで分析したくないが、私たちそれぞれが愛する人には過剰に期待する癖をもっていると自覚することが大切だ。

私の場合、娘たちを含めて人はそれぞれ自己表現の方法がちがうと頭にたたき込んだら、とても役にたった。いつも他人に対してしてきたように、娘たちにも敬意を表するようにつとめた。なんと、これがうまくいった！

批判しないで無条件に受け入れようとする私の誠実さが娘たちに伝わったのか、いまでは自分と同じような愛が返ってくるのを感じている。

いちばん愛する人たちを受け入れることを最優先にすれば、家族から豊かな愛のお返しをもらえるだろう。

●046●

# 小さい癖は見逃す

一緒に暮らす人たちの言動が癇《かん》にさわるのは、べつにふしぎではない。食べ方、道具の使い方、髪の寝癖、貧乏ゆすり、小銭を積み上げる癖、なんであっても。結局、家族とは、ほかのだれよりもいちばん長く一緒にいるため、癖や欠点や妙なしぐさもそれだけ目につくことになる。いつしか彼らの癖が出るのを心待ちにし、出たら出たでイライラするパターンができあがる。

正直に見つめよう。ヘンな癖をもたない人は世界に一人もいない。私にもありすぎてここに書くのも恥ずかしいほどだ。本当に正直になれば、あなたにもいくつかあるはずだ。だが「ちょっとした癖」はあっても、あなたには長所もたくさんあるにちがいない。私もあなたと同類だと思いたい。

つまり私たちはみんな人間なのだ。一人暮らしで自分だけの癖を（またはペットの癖も）がまんすればいい場合も、家族が多くて数十個の癖を定期的にがまんしなければならない場合もみんな同じだ。人間には癖がつきもの。どうってことはない！

自分の癖はもちろん、家族の癖にすぐイライラする人は多い。その癖ばかり取り上げて消えればいいと願う。どんなに不快な思いをしているか親友に打ち明ける。だが、それでどうなる？　彼らの奇妙な癖が消えてなくなるチャンスは、私がウィンブルドンで優勝するチャンスに匹敵する――つまりゼロだ。

たしかに、ごくまれに癖を克服したり習慣を変える人もいるだろう。だが、それはほとんどありえない。考えてみてほしい。あなたが夫のいびき癖を相談した親友にしても、いくつか癖をもっていないだろうか？

妙な癖については二つの選択肢しかない。一つは、いままでどおり批判とイライラを続けること。あるいは、ほとんどすべての癖に見られる無邪気さとユーモアを見つめること。

だれも好き好んで、人がいやがる癖をつくり出したわけではない。おまけに、あなたがだれかと一緒に暮らすことになったとしたら、彼や彼女もまたいくつかの癖を披露するだろう。そっちのほうが、いまいらついている家族の癖よりもっと不快かもしれないのだ。

小さな癖は見逃そうと決意しては？　そう決めると大いにホッとする。どんなに不快か自分に思い出させるメンタル・エネルギーを使わずにすみ、イライラから解放される。もっと人の癖を受け入れるようになれば、自分にもやさしい人になれるだろう。

## ●047●「元気？」と聞かれて、「忙しい」と答えない

私たちは判で押したように、つい忙しさを強調する。「最近どうですか？」と聞かれて「どうも忙しくてね」と答えるのが一般的ではないだろうか。じつはこれを書きながら、自分も同じだと反省している。しかし、私はそれを自覚しているぶんだけ口にしないようにしているし、その結果とても気分がいい。

自分がとても忙しいと人に告げると気分が楽になるらしい。このあいだ帰宅途中で食料品店に寄ったとき、友達らしい二人があいさつしているのを見た。一人が言った。

「やあチャック、最近どうしてる？」

チャックはため息をついて答えた。

「いやあ、めちゃくちゃ忙しくてね。きみはどう？」

彼の友達が言った。

「いやあ、ぼくもだよ。ここんとこ仕事がメチャ忙しくて」

やがて、その店のお客はみんな私が本を書いていると知ってるかのように、さらに二人の女性が材料を提供してくれた！「グレース、こんなとこで会えるなんて。調

子はどう?」――するとグレースは肩をすくめて言った。「いい調子、でも忙しくって!」。そのあとでも取ってつけたように、「あなたはどう?」「知ってるでしょ、忙しくて大変よ」が交わされたのだった。

私たちのほとんどは「とても忙しい」し、忙しいことは勲章だと感じる人が多いのも事実だ。問題は、忙しさを強調すると後の会話が決まってしまう点だ。どちらもストレスと複雑な現実を思い知らされることになる。友達や知り合いに会って日常のもろもろを忘れるせっかくのチャンスを、忙しさを強調してむげにつぶしてしまうのだ。

忙しいと口にするのは正直だが、自分と友達にとって不利にはたらく。たしかに忙しいだろうが、それがあなたのすべてではない! 忙しさのほかにもいいところがたくさんあるおもしろい人間なのだ。「忙しい」が口癖の人は、ただその癖に染まっているだけ。その癖はそう自覚することで変えられる。人に会ったり電話したりするとき、「忙しい」を禁句にすれば、どれほどリラックスするか驚くにちがいない。

とりあえず一週間、忙しさを口にしない実験をしてみてはどうだろう。難しいかもしれないが、やってみる価値はある。忙しさには変わりがないとはいえ、気分が少しのんびりすることに気づくだろう。もう一つ、あなたが忙しさを強調しなくなると相手も自分の忙しさを連発しなくなり、会話がもっとゆったりする。

# ●048● 近所のイヤな人にもチャンスを与える

近所の人に腹をたてるのは簡単だ。結局、私たちはみんな隣り合わせに暮らしているのだから。壁や垣根ごしに音が聞こえたり、彼らの姿がちらついたり、不愉快な癖が目についたり。ペット、ゴミの出し方、乱雑な暮らしなども気になる。散らかった庭や、伸びきった芝生、塗りかけでほうっておかれたフェンスなども目につく。ケンカの声も聞こえてくる。近所の人と仲よくやっていけない人が多いのも当然ではないか？　こまかいことにいちいち目くじらをたてると、気が狂いそうになる。なぜって、こまごましたことはたえず起きるから！

正気を保つ最善の道は「見ざる、聞かざる」。だが、私たちとつきあうのも近所の人にとっては大変だ、ということは覚えておこう。彼らからすれば、私たちのほうがもっと目ざわりかもしれない。

こっちはまともだが向こうは非常識だと決めつけると、なかなかそこから抜け出せなくなる。だが、逆に向こうの立場から自分の暮らしを想像してみると少しは気が楽になる。

マンションを借りたり家を買ったりすると、ずっとがまんしてきたんだから、こんどこそ自分の好きなように住みたいと思うものだ。いちばん不愉快なのは、新しい隣人に庭の手入れがどうの、犬の鳴き声がうるさいなどと苦情を言われることだろう。

ここは一つ、近所の人の立場にたって考えることが大切だ。彼らの立場に同情してみよう。言われるがままにがまんするという意味ではなく、あなたの要求が不当だという意味でもない。だが、闘うなら慎重にしなければならない。怒ったり、悩んだり、自己防衛に走らずに、ご近所の基準に異論をとなえることはできる。それをやってみると、大半の人たちは自分と同じだとわかるだろう。みんなお互いに敬意をもって平和に暮らしたいのだ。

問題は近所の人ともめていやな思いをした人が多いため、みんなガードを固めている点にある。つまり、あなたに反発したり不信を抱く理由を探しているのだ。「いつでもかかってこい」という感じ。ちょっとでも文句の材料を与えてしまうと、彼らはたちまち厄介で面倒なお隣さんに変身するだろう。

あなたと近所の人がそんな状況にあるとしたら、相手の悪いところではなく、いいところを引き出すよう努力するしかない。心を開いて最初からやり直そう。人間関係を向上させる手はないか考えてみよう。まずこちらから手を差し出し、お茶でもどうぞと誘ってみよう。そして「この関係を少しよくするには、どうすればいいか？」「こうなったのは自分にも一因があるんじゃないか？」と自問してみる。近所の人を変えることはできないが、あなたの反応は変えることができる。

近所の人にチャンスを与えるもう一つの方法は、彼らの不快な面にばかり焦点を合わせず、きちんとやっている面を見つめることだ。たとえば、ほんのたまに隣家の高校生が開く深夜パーティの大騒ぎに目くじらたてず、ふだんはごく静かに暮らしているほうに焦点を合わせるのだ。騒音が気になって眠れないなら、べつの部屋に移るか耳栓《みみせん》をすればすむ。そんなパーティは年に数回しかないのだから。

近所の人にチャンスを与えると、彼らのあなたを見る目がやさしくなる。あなたの側の気になる習慣にも前よりはるかに寛容になってくれるだろう。チャンスさえ与えれば、近所の人と穏やかな調和のうちに暮らすのは想像以上に簡単だとわかる。

# ●049● 家族一人ひとりの大変さを理解する

「もうやってられない!」と思うときはだれにでもある。だが、自分の大変さはわかってても家族それぞれの問題は目にとまりにくい。

たとえば、あなたが外で仕事をして夫か妻が家にいる場合、自分の苦労ばかり頭にあって配偶者の苦労には冷ややかになりがちだ。また反対の立場なら、家で子供たちの世話をする大変さだけがクローズアップされて、外ではたらく人の気苦労は見えてこない。小学生や十代の若者だって、それぞれ悩みをかかえていることも忘れがちだ。子供の悩みが見えにくいからといって彼らに悩みがないわけではない。

「全然わかっていない」という言葉を何度聞いただろうか? これは夫や妻が、相手のことを友人にこぼすときの合言葉だ。子供が友達と親について話すときも同じ。悲しいことに、家族はだれもわかってくれない、自分は孤独だと感じている人はたくさんいる。

この問題はかなり簡単に乗り越えられる。解決策は相手の立場にたってみること——夫や妻、子供、両親、きょうだい——自分がそれぞれの立場だったらどうか考えてみよう。彼らなりの悩みが理解できるか見てみよう。彼らの立場にたったら、どんなに大変か想像しよう。表面は楽そうに見えても、じつは大変なんだとわかるだろう。

家族を哀れむとか彼らの悩みを大げさに取り上げるということではない。むしろ、いい聞き手になって愛する人の悩みに共感をもとう。

悩んでいるのは自分だけではないとわかればあなた自身のストレスも減るし、家族それぞれの気持ちも軽くなる。心からの思いやりをもって関心を示せば心の痛手も早く治るだろう。

理解され、話を聞いてくれていると感じれば親近感が高まる。自分の重荷にばかり目を向けず、ほかの家族の悩みにも耳を傾けよう。

●050●

# 怒りをベッドにもち込まない

両親からこれを教わって以来、ずっと感謝している。

子供のころ、この家訓のおかげで口論や荒れた気持ちや落ち込みをその日のうちに収めることができた。どの家庭にも争いやもめごとがあるが、なにより悪いのは怒ったままベッドに入ることだ。

なにが起きたとしても、だれが悪くても、あなたがどれほど怒っていても、その怒りにフタをして家族全員が許し合ってやり直す時間がくる。それはベッドタイムだ。だれも怒ったままベッドに入ってはいけないというポリシーを貫くと、愛と許しはごく手近にあるのを思い出す。こちらから先に会話の糸口をつくり、相手に心を開こうという気にさせる。自分や家族の無邪気さに気づき、コミュニケーションの回線が開いてくれる。口論はしても自分たちは家族なんだ、愛と欲求を交わし合っているんだとわかる。

怒りをベッドにもち込まないという決断は、家族をストレスや敵意、憤りから守るリセット・ボタンの役目を果たす。

こういった家庭のポリシーがないと、口論や怒りはなかなか収まらない。クリスと私はこの戦略を実行しようとつとめている。完璧な方法とまではいかないが、家族のだれかが就寝時間にふてくされているとき、心のバランスをとるのに大いに役だつ。翌朝は心に愛と「今日は新しい一日」という思いを抱いて目覚めることができる。

あなたもぜひためしてほしい。いつも簡単にいくとはかぎらないが、人生は短いことを忘れないで。

一日を棒にふるほど重要なもの、怒ったままベッドに入るに値するほど大切なものはなに一つないのだ。

ぐっすりお休みなさい。

## ●051● だれの人生も楽ではない

数年前、友人に自分の責任の重さを訴えて「大変なんだよ」とこぼしたことがある。彼の答えは、私を犠牲者気取りのヒーローから、人生をあるがままに受けとめる人間へと変えてくれた。彼は私に同情したり、自分の大変さをこぼすかわりに、こう質問した。

「リチャード、自分はほかのみんなとちがうと考えてるようだけど、なにか理由があるのかい?」

人はそれぞれに困難や障害、ハードルや逆もどり、問題や悩みをかかえて生きている、と彼は言った。免除される者は一人もいない、と。

育ち方、人種、宗教、性差がどうであれ、両親や生まれ順がどうであれ、富や知名度といったものがどうであれ――だれもが問題をもっている。それが現実だ。

人より自分の問題のほうが目につきやすいのはたしかだが、結局はだれの人生も、それほど簡単にはいかないのだ。「環境は人をつくらない、その人を露呈するだけだ」という昔の格言はいまだに生きている。

この事実を胸に刻んでおくと役にたつ。ものごとを客観的にみられるようになる。極楽トンボの人生などないと認めていれば、もっと客観的な視点で優雅に困難に応じることができる。いらだったり投げやりになるかわりに、「ああ、また一つヤマを越さなくちゃ」という境地になれる。

たえず起きる問題や人生のもろもろを楽しむ境地にはなれないまでも、受け入れる姿勢は学べる。

そして、ご想像がつくと思うが、問題に抵抗してもがくのをやめれば解決するエネルギーは増す。直面する問題に目をつり上げるかわりに、手持ちの最善の解決策を使ったり、もっと広い目で見つめることができるようになる。

避けて通れない問題にくよくよしても人生は楽にならないが、視点を変えればもっと健全な見方ができて生きるのが楽になる。

さっそく今日から新しい見方をしてみよう。

●052●

# たまには自分を解放する

妻のクリスが、ある日この提案で私を救ってくれた。

私は目がまわるほど忙しく、出張続きで仕事の予定がかなり遅れていた。手に負えないスケジュールで自分の時間がまるでない状態が数週間も続いた。友人からの電話を一週間たっても返せず、娘たちの大切な行事にも出られなかった。アップアップの状態で、みんなが私に腹をたてているように感じた。同じころオフィスもひどく乱雑になり、ジムに行く時間もなく、体がだらけてきた感じだった。

そんなときクリスが私をぎゅっと抱いて言った。

「リチャード、たまには自分を解放してあげたら」

すべてを完璧にやる必要はないこと、いつも人のために生きるのは不可能なことを、私に思い出させてくれたのだ。私は明らかにバランスを失っていて、体勢を立て直す時期だった。

クリスの指摘は多くの人にあてはまる。よく私たちはすべてをこなそうとする。懸命にはたらき、いい親、いい夫、いい妻、友人、市民であろうとつとめながらエクササイズの時間もひねり出し、税金まで払っている！　たえまない料理や家の掃除、犬の散歩に庭の手入れ。さらにボランティア活動をしたり読書までする人もいる。

もうやってられない、と感じたときこそ自分を解放するときだ。本当に忙しくて家の掃除に手がまわらないなら、延期したらどうだろう。忙しさに取りまぎれて約束を忘れたとしたら、自分のうかつさを責めるかわりに、予定を詰め込みすぎた警告ととらえてはどうか。

みんなが完璧をめざしてスーパーマンのようにがんばるいまの時代では、たまに自分を解放してあげる必要がある。

単純に聞こえるかもしれないが、完璧人間にならなくてもいいと自分に言いきかせると気が楽になり、プレッシャーが軽くなる。

私を例にとると、自分を解放できたときは、あっというまに体勢を立て直すことができた。気分がリラックスしはじめると、子供たちや友人が私に同情してくれ、仕事がうまく流れるようになった。かなり短期間で私の人生は正常にもどった。じつは前よりさらによくなった！

それでもたまには自分を解放しなければならないときがくるが、そのたびにこの単純なメッセージの威力を実感している。

●053●

# 行動は言葉より雄弁だ

これはつねに心にとめておくべき知恵だが、いちばん求められるのは家庭内だ。だが、いったいどれぐらいの人が言動一致の人生を送っているだろう?

私の好きな引用句の一つに、ラルフ・ウォルド・エマーソンの言葉がある。

「あなたが大声でしゃべりすぎるから私には言葉が聞こえない」

クリスと私は子育てのあいだによくこれを引用した。言葉は大切だが行動のほうがもっと大切だという意味だ。子供や配偶者に「あなたが私にとっていちばん大切」と口で言うのは簡単だが、彼らにとっては言葉より行動のほうが意味がある。あなたが会社に十二時間もいて「いちばん大切」な人たちと過ごす時間が五分か十分しかないとしたら、言行不一致もはなはだしい。子供と遊ぶのを中断して電話に出たり、家族のだんらんよりも料理や皿洗いや掃除を優先させるのも同じことだ。

人生は完璧ではないと私もあなたもわかっている。妥協しなければならないことが多すぎてバランスをとるのは難しい。だれもが生計をたてなければならず、ときには仕事にすべての時間がとられる。それについては打つ手がない場合が多い。

それでも、できることはある。「家族がいちばん大切」だと示す小さな方法はごまんとあるのだ。たとえば、約束を断われば家族との時間がつくれる。だが、肝心なのは選択することではなく、その選択をどんな態度でするかという点だ。心からそうしたくて選んだのだとはっきり示さなければならない。自分の時間を犠牲にしたとムッツリせず、愛する人たちと一緒に過ごせる喜びを表すこと。

例外はもちろんあるが、あなたも「必要だからというより自分の選択で」残業することもあると認めるべきだ。そうしたらこう自問しよう。自分は本当に大切なことをやっているのか、延期できるのにいまやっているのか？　家族と過ごす時間より大切なのだろうか？

もう一つ、自分が話したいことはひとまずおいて、家族の話をじっくり聞くことだ。すべてが積み重なってプラスになる。あなたの努力の一つ一つが家族への愛のあかしとなり、長いあいだに積もるかもしれない憤りや失望、悲しみを未然に防いでくれる。

お互いに愛と敬意を抱き合う家族関係を求めるなら、「家族は人生でもっとも大切な一部だよ」と明確に伝えよう。日常の小さな選択でそれを伝える方法は無数にある。どんな選択をするかはあなたしだい——選ぶのはあなただ。今日にでも少なくとも一つは、家庭生活をがらりと変える選択ができるにちがいない。

## ●054●
# 自分を見失わない

どんな悩みや問題に直面していようと、自分を見失わずにいられれば解決に向かう。自分を見失わなければ人生にバランスと落ち着きをもたらすことができる。落ち着いている人はトラブルの真っただ中でも慌てず適切な決断を下し、小さいことにくよくよせずにいられる。

自分を見失わないことは、どんな状況でもバランスを保てるということ。これは家族、お金、家のこと――すべての重要な決断に欠かせない。

これを身につけるコツは、いまの瞬間にできるかぎり集中すること。自分の思考に注意すれば、過去や未来にとらわれすぎていないか探ることができる。

ストレスを感じているときの意識は、過去か未来のどちらかに飛びがちだ。意識がここではないどこかに飛んでいると気づいたら、自分がストレスだらけだと自覚できるだろう。

たとえば、今日はあといくつ仕事をこなさなくちゃならないか考えているときに人になにかを聞かれたら、ちゃんと答えることすら重荷に感じるだろう。目先の仕事以外のことに頭がいかず、ほかのすべてが厄介ごとに思えてくる。

しかし、いま、この時に焦点を合わせれば一つずつ片づけようという意欲がわく。今日やらなければならない十項目をちらちら思い浮かべず、いましている一つのことだけに焦点を合わせよう。そうすればもっと能率が上がって気分も軽くなる。一つ一つのことに全神経を集中させれば、圧倒されたりせずにすむ。

多忙なときでも自分を見失わずにいれば、だれかに質問されても簡単にギアを入れかえて答えることができる。むやみにおたおたせず楽な気分でリラックスできる。混乱のただ中でも自分を見失わずに冷静でいられれば、人生はもっと御しやすくなるだろう。

昨日がどんなにつらかったか思い出したり明日の苦労をリハーサルするかわりに、いまこの時にベストをつくせるようになる。

## ●055● すぐヤキモキしない

ある書店で講演していたとき、こんな質問が飛んできた。

「普通の人をひと言で形容したらどうなりますか?」

私は少し考えてから答えた。

「すぐヤキモキする、ですかね」

みんな心当たりがあるとみえて店内に笑い声があがった。すぐヤキモキしない見返りはものすごく大きい!

まずストレス・レベルが下がる。周りの人たちや出来事を受け入れやすくなる。ほかの人たちにもっと興味がわいて楽しくなり、家族や友人のいいお手本になる。反動が減り、人生を重荷ではなく、冒険と見なすようになる。疲れやイライラが減り、日常が非日常に変わる。

正直にいって、ヤキモキするのは楽しくない。それはいい人生の邪魔になるばかりか「小さいことにくよくよする」代表例だ。しかも周りの人たちが逃げていく。

すぐヤキモキしないコツは、そうすまいと決めること。周りの人たちや出来事に自分がどう反応するか観察することだ。観察したら、小さいことにヤキモキするのはやめると心に決めよう。

一日を通して自分がヤキモキ、くよくよする瞬間をキャッチしよう。それをゲームとして楽しもう。ヤキモキしている自分に気づいたら「おやおや、またたよ」とつぶやいて受け流す。過剰な反応のほとんどは、自分がどれほどカリカリしているか自覚していないことから生まれる。自分の思考や反応をたえず自覚することで、それを浮上させて変えることができる。

ほとんどの反応はたんなる習慣、身についた癖にすぎない。ガチガチになる練習をすればそれが得意な人になる。だが、謙虚にヤキモキ癖を自覚して変えようと決心すれば、必ずそうできる。

すぐヤキモキしていた多くの人たち（私もその一人だ）が、いまではリラックスして効率を上げている例をたくさん見てきた。ぜひ、ためしてほしい。すぐヤキモキする癖をなくせばハッピーな人になれるし、もっと楽しみが増す。

もう一つ——あなたの大切な人たちは、あなたの変化に気づいて大喜びするだろう。

## ●056● 思いやりの時間をつくる

じつは数年前にこれを思いついたとき、ちょっと浅はかかな、と感じてボツにした。自分に思いやりがあるんだったら、わざわざ時間をつくらなくてもいいんじゃないか、と思ったのだ。

しかしためしてみると、驚いたことにとても役にたった——前よりずっと思いやり深くやさしくなれたのだ！　もとはといえば、自分のちっぽけな世界に没頭しすぎて、生活の一部にしたいと心から願っている親切をなかなか実行できなくて思いついたアイデアだ。

多くの人には、つねに親切にしようという目標がある。この戦略は、その目標を強めてくれる。

実際にカレンダーに「親切にする時間」を書き込むと、自然に日常に取り込めることを発見した。人にやさしくする時間をつくることで、やさしさが日常に浸透するといった感じだ。

やり方はきわめて単純。カレンダーに定期的な時間を取り分け——十分、三十分、一時間など好きなだけ——ほかの大切な予定と同じようにきちんと守る。その時間はやっていたことをすべて中断し、思いやりと親切に焦点を合わせる。

その時間は人のためになにかをすることにあてる。

私は愛する人や大切な人に心を込めて手紙を書いたり、慈善団体に小切手を送ったり、思いを伝えたい人に電話をかけたりしている。または社会にもっと貢献する道はないか、もっと人助けをする方法はないか考える時間にしている。ただ目を閉じて人のためになることを考えたりもする。

なにをするかはあなたの自由だ。どんなことでもかまわない。ただ一つ、心からの愛をもってすることが大切だ。

この戦略は、私の人生にとても大きな効果があった。これを実践することで自分がたてた目標を踏みはずさずに暮らせるような気がする。

私の願いは、言葉や思いだけではなく行動も含めて、思いやりと親切を最優先にすることだ。その時間は私が正しい方向に進んでいるかどうか確認し、道をそれていたら修正するチャンスを与えてくれる。

あなたもためしてみれば快い驚きを感じるだろう。親切と愛情が、暮らしのすべてに広がるから。

## ●057●
# 陰口をたたかない

べつに自慢することではないが、私はときどきそこにいない家族の陰口をたたく癖があった。

だが、いまはそんなことはめったにしないと自慢できる。このごくありふれた誘惑の罠を避けてとおると、前よりずっと穏やかになれるとわかった。おまけに、周りの人たちの気分を楽にすることも。

「噂《うわさ》好き」や「ハチの一刺し」をやめた自分をほめてあげたい気分だ。これは一緒にいる人たちにも伝染し、家族や親しい友達がお互いに前よりずっと好意を抱き合うようになった。家族のだれかが習慣を変えると、たちまちみんなもそうなるというのは本当だ。

人の陰口をたたくときは、その人について話しているのではなく、「私は陰口屋」だと宣言しているのだ。おぼれている人をぶつのと同じこと——あなたが陰口を言っている人は自己弁護できないのだからフェアではない。

さらに注意してみると、陰口をたたいているときには意地悪になっていることがわかるだろう。良心がちくちくする感じだ。心の奥では、当人がいないところで陰口をたたくのはよくないと知っているのだ。

その場にいる人たちも、自分もいつか陰口をたたかれるんじゃないかと不安になる。人に対する不信感は私たちの家庭だけではなく、社会全体に皮肉な見方を広げてしまう。

この癖を断ちきるのは想像するより簡単だ。いったんそのいやらしさに気づくと、自然に遠ざけるようになる。はじめは自分が陰口をたたいているとわからずに、終わったあとで気づくかもしれない。そのときは自分を責めず、その癖を断つという目標を思い出そう。次に陰口をたたきそうになったら「しまった、またここにいない人を批判しようとしているよ」と自分に言いきかせ、そっと話題を変えよう。

ある時点までいくと、批判する気持ちに気づいて事前にストップをかけられるようになる。「またやりそう」だと感じたら、蕾のうちにつみとること。しばらくすると、その場にいない人を批判する気が起きなくなる。

やがて、周りで陰口大会が始まっても、巻き込まれずに話題を変えられるようになる。陰口をたたく癖を断ちきると、たちまち劇的な変化が表れる。

ためしてみればすぐに気分がよくなるはずだ。

# ●058● 家族会議を開く

家族会議の目的は、一家みんなが自由に本心を伝え合う場をもつことにある。だれもが発言できて話を聞いてもらえる「安全な場」なのだ。人の話をさえぎったり、攻撃や批判は許されない。そこではみんなが平等でお互いに敬意を表す。

家族会議では、うまくいっていること、いっていないことを心おきなく発言できる。悩みごとを話し合って解決策を提供できるうえに、家庭内でのいいこと、改善したいことも話し合える。

超多忙ないまの社会では家族が集まって話し合う時間がめったにとれない。だが、話し合いの場をもつことは健全な家庭生活の基盤だ。

家庭のなかでなにが起きているのか、だれがどう感じているのか話し合い、お互いにもっと理解を深めることができる。両親や子供たち、きょうだいの知らなかった部分を発見することもある。

私は、家族会議で下の娘のケンナに「ダディの目つきがイヤ」と言われたことがあった。ときどき疑うような「目つき」をするというのだが、私にはまるで思いあたらなかった。忙しいときにそんな話をされたら真剣に聞いたかどうかわからない。だが家族関係をよくするための会議では、私はちゃんと娘の言い分を聞いて受けとめることができた。

そのときから私は「目つき」に気をつけるようになった。次の家族会議のとき娘に聞いてみると「ずっとよくなった」と答えた。自分の話がちゃんと受け入れられたと感じたのだ。

私自身が子供のころの家族会議を覚えている。両親の悩みを知ったことで、彼らが親であると同時に、人間でもあるとわかった。子供時代の家族会議のおかげで、私は共感と客観性をはぐくむことができた。

家族会議はそれぞれの不満を言い合うだけではなく、お互いへの愛を表明する絶好の場だ。「小さいこと」が「大きいストレス」に育つ前につみとる場でもある。そのときどきの問題を話し合い、家族全員が納得する解決法を見つけることができる。

家族会議は人生（またはあなたの家庭）を完璧にしてはくれないが、家族としての一体感を与えてくれるだろう。

家族が二人だろうと十人だろうと、ぜひ家族会議を開いてほしい。とても意義のあるお返しがもらえるから。

●059●

# 感謝を表すのを忘れずに

夫婦や家族関係がぎくしゃくするいちばんの原因は、「ないがしろにされている」と感じること。悲しいことに、私たちはみんな家族に慣れきってしまって、お互いに感謝を忘れている。子供は親に、親は子供に。ことに夫婦は感謝を表し合うのがいちばん下手だ。

私の友人や知人は、夜や週末の外出のときよく子供たちを祖父母に預けるが、彼らが祖父母に感謝するのを見たことがない。「向こうがそうしたいって言うからさ。なんたって孫なんだから」という態度なのだ。だれもが感謝されたがっていることを、私たちはつい忘れてしまう。とても大切で、とても簡単なことなのに。感謝されていないと感じると、燃えつき症候群になりやすい。これまで、感謝が欠けているせいで夫婦、親子、きょうだい関係がこわれた例をたくさん見てきた。

私の提案はとてもシンプル。感謝するときがきたと感じたら「ありがとう」と心から言ってみよう。サンキュー・カードを書いたり、親切に親切でお返しをするのもいい。

先週の末、私は思いがけない賛辞を贈られた。数日前に亡くなった大好きな大叔父《おじ》のマイルスの息子夫婦から、今日になってクリスと私に手紙が届いたのだ。

「父は初対面のときからあなたが大好きでした。とてもいいやつだ、湖のキャビンに招待した若い人たちのなかでサンキュー・カードをよこしたのはあなただけだ、と言っていました」

これが感謝のパワーだ。大叔父はサンキュー・カードを書くという、私の単純な感謝を一生覚えていてくれたのだ。いまの社会では感謝を表すことがめったにないから目立ったのだろう。

感謝されていると感じると、相手はもっとハッピーになり、一緒にいて楽しくなる。もし子供がいるなら、感謝しているよと彼らに告げよう。クリスと私は、娘たちに家族でいてくれてありがとうと言うことがある。本気でそう言っているのだ！

両親や親戚、きょうだい、だれに対しても感謝しよう。彼らを大切だと思っていることを知らせよう。だれもが感謝されたがっている――例外はないのだ。

私の経験では、感謝を表す家族は絆が強い。大切にされている十代の子供たちは一緒にいて楽しい子たちだし、やがて自分たちも感謝を表すようになる。感謝されていると感じている妻は夫を愛して大切にし、感謝されていると感じている夫は妻を大切にする。

同じことがきょうだいにもあてはまる。私には姉と妹がいて、二人とも私に愛と感謝を注いでくれ、私も同じようにしようとつとめている。きょうだいの絆が強く、時間をつくって会うのもそれがあるからこそだ。

## ●060●

# それは「人生の危機」ではない

毎日の小さいことに押しながされても、家庭内のストレスは減らせる。これがこの本のテーマの一つだ。

いちばん大切なのは、広い視野にたつことだと私は思う。

広い視野にたつという言い方は曖昧《あいまい》だと思うかもしれない。いったいどういう意味なのか？　じっくり考えてみると、じつに単純。人生のほとんどの問題は、生きるか死ぬかといった非常事態ではないと覚えておくということだ。

誰もが「人生の危機」――天災、離婚、経済的な問題、病気、愛する人の死、病気の子供、老いた両親などの一大事――となると勇敢に受けてたつ。どういうわけか私たちは一大事となると力をふるい起こして乗り越えようとする。祈り、助けを求め、工夫をこらし、とてつもない忍耐力を発揮する。

しかし、その同じ人たち（私たちみんな）が日常の「小さなこと」となるとくよくよイライラし、見る影もなくしおたれる。私たちがはかなく抵抗するのは一大事ではなく、「小さなこと」に対してなのだ。

たまった請求書、わがままな子供たち、散らかった家、口やかましい近所のおばさん、ムダ吠《ぼ》えする犬、ぎちぎちのスケジュール、配偶者との口ゲンカ、車の渋滞、かけ直すべき電話、草ぼうぼうの庭——すべては「小さなこと」だといつも思うようにすると、じつに気が楽になる。テレビのニュースを見たら、自分がやらなければならないことはトップ・ニュースではないと自分に言いきかせよう。広い視野にたてば、人生はもっとスムーズで扱いやすいものになる。

私たちはみんな、神のゲストとしてこの美しい惑星に生かされている。通勤に時間がかかろうと、感謝の気持ちを忘れてはいけない。子供たちの言い争いについどなって一日を台なしにすることもできるし、これも子育ての一部だと割りきることもできる。家の掃除が行き届かないときには、うんざりすることも、屋根の下で暮らせる幸せをかみしめることもできる。どう受けとめるかは自分にかかっている。

人生が完璧ではないことにグチをこぼして受け身になることも、視野を広くもって気分を明るくすることもできる。ほとんどの人と同じように、あなたも人生にもがいた経験があるはずだ。

広い視野にたって、ものごとをあるがままに受けとめるよう提案したい。そうできるようになればなるほどハッピーになり、ストレスが軽くなるだろう。

# ●061●
# 休暇旅行はほんの一時

言うまでもなく、人生のほとんどは旅行中ではない。それなのに多くの人は休暇旅行を大切にするあまり、日常の暮らしを楽しむことを忘れがちだ。旅行の計画をたてて待ちのぞみ、そのためだけに生きているかのように感じることすらある。期待するあまり出発のときが一年のハイライトになり、「やれやれ、向こうに着いたら最高の人生になるぞ」と心で思う。

旅行を重視しすぎる問題点はいくつかある。まず、旅行は人生のほんの一部にすぎない。私の知人のほとんどは一週間から二週間の休暇をとり、その他の時間はいつもどおり仕事をする。ほんの一～二週間の休暇旅行の計画に年に五十週もついやすのは優先順位の逆転だし、必ず欲求不満になる。心が旅行で占められると、いまの瞬間が頭から離れてしまい、いま現在に集中して日々の喜びを味わうのではなく旅行先での楽しみに心が向いてしまう。

もう一つの問題点は、期待が大きすぎると失望が大きくなる点だ。最近、わが家も罠にはまった。その夏はとても忙しくて一度も旅行するチャンスがなく、せめて海に行こうと計画して楽しみにしていた。頭の中で、笑いさざめく子供たち、お互いへの感謝を思い描き、それまでの忙しさを埋め合わせてくれると期待していた。

だが、いざ行ってみると頭の中のパラダイスとはまるでちがっていた。家族そろってホテルの一室に泊まるのは久しぶりだった。そこは狭くて暑く、子供たちの口ゲンカはふだんよりひどかった。なにをして過ごすかで言い争い、クリスと私はげんなりした。ビーチは人の波で埋まり、プールも大混雑、天気も私たちに味方してくれなかった。ひと言でいえば、家にいたほうがもっとゆったり楽しめたとみんなが思った！

休暇旅行を待ちのぞむのはまちがいだ、と言っているのではない。経験から、多くの休暇旅行がすばらしいこともわかっている。私が言いたいのは、必要以上に休暇旅行を重視し、どこかべつの場所のほうがずっといいと思い込むと、いまの日常のすばらしさを忘れがちになることだ。幸せを休暇旅行に頼らなくても、いまいるところでもっと満足する方法を学べば、旅行先でももっと豊かに楽しめるのはたしかだ。

もちろん、その逆も成り立つ。日常が不幸せでストレスだらけだとしたら、旅行先では穏やかにリラックスできるとは信じがたい。私のアドバイスは単純――休暇旅行の計画をたて、向こうに着いたら大いに楽しむこと。だが、もっているものに感謝することを覚えていれば、日常生活もとてつもなく楽しくなることを忘れずに。

●062●

# 陰口で心は晴れたりしない
# 皮肉で心は晴れたりしない

陰口を言う、意地悪いひと言や悪態、噂話にふけるといった悪い癖に染まるのは簡単だ。不幸なことに、この癖は思ったよりはるかに深刻な打撃を与える。

きつい言葉や否定的な言葉を口にすると、言われた相手は侮辱されたと感じて傷つく。だれ一人として——とくに家族は——攻撃されたがる人はいない。みんないやな気分になる。言葉で攻撃された相手は自己防衛するか仕返しさえ考えるだろう。それが家庭から愛を奪うのは目に見えている。

また、きついことを言ったとき、自分はどんな感じがするかもチェックしてみよう。注意していればいやな気分になっていると気づくはず。きつい言葉と同時にストレスがこみあげ、心に不快なしこりがたまる。否定的なことを口にすると、社会や他人の悪いところだけに関心がいき、いいところをすべて忘れてしまう。

私はこの教訓を若いときに学んだ。まだ十代のころ、私がなにかをだれかに言ったときのことだ。その女性は怒ったり自己防衛したりせず、静かにこう言ったのだ。

「そんな意地悪を言って、あなたの気分は晴れましたか?」

私はびっくり仰天し、まぬけな自分を意識した。その気まずい一瞬に、一生忘れられない教訓を学んだ——彼女はまったく正しかった。

そのとき、意地悪いことを言う人にはなるまいと決意した。その目標にかなり近いところで生きてきたと信じている。意地悪い皮肉を口にするときのいやな気分が忘れられず、それが同じ過ちの繰り返しを防いでくれた。

きつい言い方、否定的な言い方のバリエーションは、相手を打ちのめすものから一見さりげないコメントまで無数にある。しかし、冷淡な気持ちから出た言葉も、ただの皮肉も、相手への影響はほとんど同じだ。自分がちょっと意地悪いことを言っていると気づいたら、その一日を楽しく穏やかに過ごせるかどうかみてみるといい——そんなふうには過ごせないから。

ほんの少しでもきつい言葉を口にすると、その日の調和が乱れるものだ。自分が否定的で批判的、疑り深い人になったように感じる。だが、口にする言葉が思いやりと愛から出るとき、思いやりのある世の中に貢献しているという穏やかな充足を感じる。

だれも百点はとれないが、私も含めてほとんどの人は改善の余地がたくさんある。あなたもそうするなら、私もできるかぎり思いやりの心で話そう。この提案を心にとめる人が増えれば、世の中はもっと愛と忍耐にあふれるようになるだろう。

## ●063●

# じっと静かに座っている

しばらくなにもしないでじっとしていたことがあるだろうか？　なければ、あなたはリラックスの簡単な方法と、小さなことを一大事にしない偉大な方法を知らないことになる。

私たちは忙しさに取りまぎれて、ただじっと座っていることのすばらしさを忘れがちだ。じつは、これこそ単純な快楽なのだ。

忙しさや責任の多さに関係なく、一日に数分はなにもしない時間をとれるはずだ。それができれば、じつに貴重な経験が味わえる。じっとしている数分は心身をリラックスさせて充電するチャンスだ。意識の覚醒《かくせい》と内省の機会、インスピレーションを呼びさます機会でもある。忙しすぎるとつい機械的に反応し、イライラしてしまう。だが数分ほどじっとしていると最初からやり直そうという気になれる。頭をからっぽにしてじっと座っていると、問題の答えが自然にわいてくる。どういうわけか、じっと座っていることは、知恵と洞察の神経系統をなめらかにする作用があるようだ。

この戦略をあまりに単純だと片づけるのは簡単だが、問題は、それを実践する時間をつくらないことにある。

人生をよくする戦略はどれもじつにシンプル——運動をして睡眠を充分にとる、ヘルシーで軽い食事をする、前向きに発想する、ドラッグやアルコールを避ける。みんなよく知られた単純で深い知恵だが、実行する人はほとんどいない。じっと座っているのも同じことだ。賢明で単純、だが高い付加価値がある。

医者ではないからよくわからないが、たとえ数分でもじっと座っているのはかなり健康にいいのではないかと思う。私の場合、なにもしないでじっとしていると、心身ともにリラックスして穏やかになる。呼吸もゆったりと深くなり、首や肩の筋肉がほぐれる。ほんの数分でもリフレッシュ効果があるのだ。

緊張したり飛びまわったりしていると、穏やかなときより小さいことにいらだちやすい。じっと座っているのは魔法の薬ではないが、やってみると緊張したままでいるのは難しいと気づいた。

ほんの数分しかかからず、費用はタダ、しかもどこでもできる。ただ座ってリラックスすればいい。

この戦略を一日に数回ためしてみると、いかに生きやすくなるかびっくりされることだろう。いつもは一大事に思えることが、ほとんど気にならなくなる。

## ●064●
# ありのままを受け入れる

人生は思いどおりにはならない。これは、私が学んだ最大の真実だ。人生はまさしくあるがままだ。それ以上でも以下でもない。その事実を受け入れれば受け入れるほど、幸せ度が増してストレスが減る。

たくさんある不幸の定義の一つに、いまの自分となりたい自分との差——あるいは、いまもっているものとほしいものの差——がある。言いかえれば、なにかが起きているとき——壊れたテレビ、気まずい瞬間、屋根の雨漏りなどなど——私たちは重大な決断を迫られる。起きていることに抵抗してもがくか、それとも黙って受け入れるか？

受け入れることは、投げやりや無関心とはまるでちがう。あるがままを受け入れたからといって「もういいや、どうにでもなれ」というのではない。「そうじゃなければよかった、本当はこうあってほしいのに」と思いつつ抵抗することのむなしさがわかっている、という意味だ。ある意味で、いま起きていることを受け入れるのは究極の知恵の一つといえる。これは人類に与えられた最高のストレス解消法だ。

親業の難しさを実感するのは、子供がきょうだいゲンカをするときだ。ひどくがっくりきて、親として役不足なんじゃないかとさえ思う。なりふりかまわずカッとして、「やめろ！」とどなるのは簡単だ。しかし、その瞬間に起きていることはなにかというと、娘たちのケンカだ。私がどんなにもがいても、その事実は変えられない。クリスがどれほどつらい思いをしたとしても同じだ。

そんなときクリスと私は目くばせして「これが現実」とどちらかが言う。「兄弟姉妹はみんなケンカをするものだ、気に入らないと言っても始まらない、人間はそうできているんだから」という心境だ。

この穏やかな受容は、あきらめや黙認とはちがう。調整する方法は無限にあり、私たちはみんなもっとよくなるように努力をしなければならない。気に入らないことが起きて、なにか打つ手があるとしたら、それはすごいこと！ 信じてほしいが、私は娘たちの摩擦を減らそうと、あらゆる手を打ってきた。だが、適切な調整をすることと、人生は思いどおりにならないという単純な事実を受け入れることはまったく別だ。

人生は旅だ。旅は、直面して解決しなければならないことの連続だ。自分の力の及ばないことや認めたくないことがたくさん起きるだろう。そうしたら、ちょっと下がって人生をあるがままに受け入れるという知恵を見つめようではないか？ そうすればずっと生きやすくなるはずだ。

●065●

# ヘルシーでいよう

今回この本に「ヘルシーでいよう」という提案を入れるつもりだと話すと、友人は言った。

「でもね、家庭の中のことでくよくよしないこととヘルシーでいることに、どんな関係があるの？」

彼女の質問にとことん答えたあとで、多くの人も同じような疑問を感じているのではないかと思った。この二つは無関係にみえるかもしれないが、そうではない！

あなたか家族のだれかが病気になったとしよう。ただの風邪かもしれないが、家族みんなが心配し、あなたの神経がまいることはたしかだ。

まず、体の具合が悪いと身の回りのことがうまく回転しなくなる。責任を果たすことも楽しみもおじゃんになるし、愛する人と過ごすことも、衣類の整理もままならなくなる。すべてに後れをとるにつれてイライラが高まる。ふだんはきちんとできたことが、いらだちのもととなる。

つまり、あなたの健康状態が家庭の中で、「小さいことにくよくよする」かどうかを左右するのだ！　健康フリークになれと言っているのではないが、健康の大切さ――適度の清潔、ダイエット、栄養、睡眠、適当な運動、ビタミン剤などなど――を見直すのはいいことだ。

かつて、スピード違反のために交通学校で丸一日過ごす時間を取りもどすには、数年も猛スピードで運転しなければならないと計算したことがある。そう考えるとスピードの出しすぎは意味がない。健康も同じこと。

習慣をちょっと変えれば防げたはずの風邪や病気にかかると、改善する簡単な手間よりはるかに時間とコストがかかる。

もちろん体に起きるすべてのことをコントロールできはしないが、改善する余地は大いにある。この戦略を人生をよくする大切な一部ととらえてほしい。

あなたがもう少しヘルシーになれたら、家庭の中の小さいことにくよくよしなくなるのはたしかだ。

# ●066●真っ先に感情をなだめる

この知恵を最初に教わったのは、ヴィクトリア・モランの『魂のシェルター』という美しい本を読んだときだった。彼女は日常の大切な家事――皿洗い、掃除、洗濯、庭仕事、料理などなど――は、いざとなったら延期できると書いている。ただし人の感情は延期できない、と。

感情はいまそこにある。それに対処するには二つの方法しかない。いま、この場で感情をなだめるか、延期して心に傷を残すか。思いやりをもって感情をなだめれば、相手との愛と和解が深まる。そうしないと、ごくわずかだとしても相手との距離ができる。たった一つのことで愛する人とのあいだに亀裂《きれつ》ができるとは思えないが、それが蓄積されるといつしか溝が深くなっていく。それは感情と物のどちらを優先させるかで決まる。

子供のころ、物を壊したり車や家具に傷をつけたりすると、父はよくこう言った。

「気にするな、リチャード。物はみんな取りかえられるが、おまえは取りかえがきかないからね」

その言葉にどれほどほっとしたか、いまでもよく覚えている。私（と私の感情）のほうが物より大切だと父は言ったのだ。思いやりのある言葉にいまでも感謝しているし、わが家でも同じにしようといつもつとめている。家の中でやるべきことはたくさんあるが、私はできるかぎり家族とその感情を真っ先になだめるようにしている。

やるべきことのリストをこなそうと必死になると、もっとも大切なことがお留守になりがちだ。言いかえれば、配偶者や子供や友人があなたの関心を求めているときは、いましていることを中断しても応じるほうがいい。

子供があなたにお話を聞かせたがる、配偶者がその日の出来事を話したがる――それは家族の絆を深めて思い出をつくるという貴重な瞬間だ。車が汚れっぱなしだろうと、それは後でいい。私が保証できることはほとんどないが、これだけは保証できる――あなたの車の感情は一時間や一日ぐらい待たされても傷つかない！　だが残念ながら配偶者や子供の感情となると、保証できない。

なによりも感情を優先させるのが理想だと覚えておこう。そうすれば家族の心の傷は深くならない。おまけに、どっちみち後で車は洗うのだから、雑用にとりかかる前に家族の様子をチェックして、優先順位がまちがっていないかどうか確認しよう。

そうしてよかった、と思うはずだ。

# ●067● 自分の行為に点をつけない

この罠にはまって、欲求不満におちいった人たちをたくさん見てきた。どういうことかというと、自分がしていることにいちいち点数をつけたがる人たちのことだ。どんなにうまくやったか、いくつ失敗したか思い返すのにエネルギーを使ってしまう。「しまった、今日は四回も子供たちを叱《しか》ってしまった」とか「もう三週間も家を片づけていない」などと言ったり考えたりすることだ。

自分の行為に点数をつけると、なにをやっても満点に達しないと感じる。もっとよくできるはずだとたえず感じ、プレッシャーが高まっていく。あなたの行動をチェックする、見えない評論家に後をつけられているようなものだ。なにもかもきちんとやり終えないかぎり幸せになれない気分にさせられる。

解決策はいまの瞬間に焦点を合わせ、そのときできる最善のことをしようと決めるだけ。

家が散らかっていて掃除をしたいなら（その時間とエネルギーがあるなら）さっさと始めればいい。だが、「どうせ掃除しても明日はまた散らかるんだ」とか「掃除にこんなに時間をとられるなんて」とか考えると、疲れも不満もたまっていく点を思い出してほしい。それまで掃除についやした時間をいっさい頭から追い払い、いまの掃除だけに焦点を合わせよう。

点数をつける作業をやめると、能率が上がって疲れ方もちがう。点数をつけるのは、能率を下げて家事を義務としか感じさせないことだとすぐ気づくはずだ。

同じことが育児にも日常の活動にもあてはまる。たとえば、今日は何回きょうだいゲンカをやめさせたかと考えるより、この口ゲンカをみんなの重荷にしない方法はないかと考えよう。ちょっと見方を変えるだけで生きるのが楽になるのはたしかだ。

家事、子育てといった家庭のあれこれは「もっとうまくやれるはずなのに」という思いを追い払えば、のんびりと快適にできる部分があるはずだ。

だから「自分がどうやっているか」考えるのはやめて、「本当に」生きてみよう！

## ●068● だれかが見ていると想像する

ある日、子供たちが部屋をごちゃごちゃに散らかしたことに怒っていると、クリスがやさしくこう言った。

「リチャード、だれかに自分の態度を見られていると想像してごらんなさいよ」

私はおおむね隠しごとの少ないタイプだとは思うが、彼女の言葉にハッとさせられた。言われたとたん、自分が大げさに反応していると自覚した。

「だれかが見ているとしたら、こんな反応をしただろうか?」と自問し、「おそらくちがうだろう」と思った。

散らかった家は気に入らないが、それに怒ってもしかたがないのだ。そのエネルギーは、ほかにまわすほうがいい。

これはためしてみる価値があるレッスンだ。

こんど(いつでも)あなたが家庭のことでカリカリすることがあったら、赤の他人に見られていると想像しよう。ハッと自分の態度に気づき、前にあげたリセット・ボタンと同じ効果が得られるはずだ。小さいことにくよくよしているとわかって客観性を取りもどせるだろう。

人にどう思われるかを行動の基準にするのは大嫌いだが、「人にどう見られるのが理想か」を考える価値はあると思っている。それは自分の目標と価値観を思い出させてくれるバロメーターとなる。

たとえば「こんなに散らかして」とか「こんなに狭い家なんて」とのろいながら血まなこで掃除しているとき、ちょっと足を止めてこの戦略を思い出せば、そんな自分に笑い出すかもしれない。

家のことでカリカリしたときは、ぜひクリスの提案を思い出して、人にどう見えるか想像してほしい。

●069●

# 気のもちようで人生は変わる

哲学的なこの戦略は、大人になってからの私を何度となく救ってくれた。人生がはちゃめちゃで手に負えないようなとき、これを思い出すと客観性が取りもどせる。

あなたの外の世界――環境、騒音問題、人生の混乱――は、たいていあなたの意識が反映されている。それは穏やかで平和な心境またはその欠如の度合いに応じて変わる。

多くの人はこの戦略に強い抵抗を示す。本当に謙虚にならないと実行できないからだ。はちゃめちゃな人生は、はちゃめちゃな意識から生まれたなどとだれが信じたい？　はちゃめちゃなのは環境、ぎっしり詰まった予定、あまりに重い責任のせいだと思うほうが楽なのだ。しかし謙虚な心で見つめると、このメッセージが真実で非常に役にたつとわかるだろう。外の環境は変えられないが、意識は変えられる。

私の好きな本の一つに、ジョン・カバット・ジンの『どこに行っても自分と道連れ』がある。このタイトルについてちょっと考えてほしい。あなたが家庭内でピリピリしたり、だらしないとしたら、どこに行っても同じことを繰り返すだろう。

たとえば、あなたの周りに遅刻の常習犯はいるだろうか？　その人に十分間の余裕をあげたら遅刻しないと思う？　遅刻するに決まっている！　理由は単純。遅刻癖は、約束の時刻やその日の予定には関係なく意識の問題だからだ。外的な要素は変えられる——約束の場所、会う相手など——が、当人はつねに遅刻する方法を見つけるだろう。彼または彼女には目いっぱいの口実があるだろうが事実は変わらない。この癖は、意識から生じて人生にすべて反映されている。

そこで一つ疑問がわく。「穏やかな心と穏やかな人生のどちらが先か？」。認めたくないだろうが答えは明らかだ。穏やかな心から穏やかな生き方が出てくる。

人生が手に負えないようなら、まず心のもち方を変えることから始めよう。休みを取ったりペースを変える必要があるかもしれない。自分ひとりの時間をもち、テレビを見る時間を減らして本を読む必要があるかもしれない。ひとりの時間をもつために睡眠時間を削って早起きすることもあるだろう。人それぞれの事情によって処方せんは変わってくる。だが、問題の根っこは自分の意識の内にある。

こんど欲求不満におちいったら、ペースを落として心の奥を見つめてみよう。そうすれば外の世界は自分の意識の反映だと自覚するにちがいない。この関係に気づくだけで、次のステップが自然にわかってくる。

## ●070●親しい人とも新しい気持ちでつきあう

家族でも他人でも、たまたま縁あって一緒に暮らすことになった人たちとは、つい惰性でつきあってしまいがちだ。

たとえば、ちょっとしたことで騒ぎたてる、自分の立場ばかり守ろうとする、相手を責める、話を聞こうとしない、「こうしてくれるはず」と期待する、ちゃんと関心を払わないなどだ。

夫婦、子供、親、ルームメイト――相手を知れば知るほどその存在が当たり前のものになり、なにを考えているのか、なにをしようとしているのかわかったような気になる。相手の言葉や行動を短絡的に判断し、ほとんど条件反射のように反応する。まるで、最初から決まったリアクションを期待してかかっているようなものだ。相手が期待どおりに反応するのを確認し、ちがっていればそれを無視するか、見過ごしてしまうかのどちらかだ。

私を例にとると、娘になにか新しいことをすすめるとき、反対されるのを予想しているふしがある。どうせまた、私がいいと言うものは気に入らないだろうと思いつつ話してみると、案の定「やりたくない」と答える。結局のところ、私は過去の経験から、娘がそう答えるのを確認したがっていたのだ。そのときどきの娘の反応を、新鮮な気持ちで受けとめるのではなく、娘の答えを拡大解釈して拒否する理由まで読みとろうとしていたのだ。

私は娘との関係を見直して、この繰り返しを変えてみようと考えた。それには娘の反応に注目するよりも、私自身の態度がどう影響しているか考えてみるしかない。まず、娘になにかをすすめるときの自分の強い言い方や、態度、熱っぽさを観察してみたところ、かなり私のほうに非があると気づいた。私の熱心さは娘のやる気を引き出すどころか、むしろくじいてしまい、彼女はそれを「やりたくない」という言葉で表していたのだ。すると私はいつもがっくりきて、さらにしつこくすすめることを繰り返していた。その結果がどうなったか、ご想像いただけるだろう。

私が態度を変えるにつれ、娘との関係も目覚ましく変わりはじめた。いまでは、娘ではなく、こちらの勝手な期待や思い込みに問題があったとわかっている。そして、娘は新しいことに挑戦する気があり、それは私のためではなく自分のためにやりたがっているのだとわかった。娘がいやがっているのは、やる気まんまんの父親が、娘にも同じような反応を求める押しつけがましさだった。

私は自分の愚かさに気がつき、そのことで娘を責めたりしなくなった。私が自分の期待や思い込みを反省したことで、娘も父親が妙に力んでいるのは愛情表現の一つなのだとわかってくれた。私も娘もずいぶん成長し、お互いを認め合えるようになったのだ。

親しい人たちと新しい気持ちでつきあうには、過去の失敗や怒りにこだわらないだけでなく、相手に対する自分の期待や思い込みをできるだけなくすことが大切だ。つまり、すべてを許し、最初からやり直そうとする姿勢だ。新しい気持ちでつきあうことで、多くを得られるのは、私一人ではないだろう。

だから、このテーマについてじっくり考えてみることをおすすめする。きっと、いいつきあいができるのはもちろん、他人ではなく自分を変えていくというすばらしい経験が味わえる。

●071●

# 無意識のマイナス思考に気をつける

私は自分の本や講演で、いつも無意識のマイナス思考についてふれるようにしている。

人間は考える生き物だ。つねになにかしら考えているために、自分が考えていること自体を忘れているか、少なくとも無意識になっている。無意識になっているときの思考は、ほとんど機械的だ。たとえば「やることが多すぎる」とか「最近ストレスがたまる一方だ」とか「仕事が多すぎて手がまわらない」などと思っているとき、とくに意識して考えているわけではない。

問題は「考え方」が「感じ方」に直結している点だ。

たとえば、腹がたつことを考えていると本当に腹がたってくるし、恨みごとを考えていると恨みがましい気分になってくる。慌ただしいことを考えると、本当に時間が足りない気分になり、ストレスがたまるようなことを考えると、ストレスを感じるようになる。

嘘だと思うなら、ちょっとためしてみるといい。頭にくるようなことを考えずに、怒ることができるだろうか？　たぶん無理だろう。感情は、子羊が母羊にくっついていくように、正確に思考のあとを追いかける。

無意識のマイナス思考は次のように進んでいく。

たとえば「なんて汚い部屋だ。一度も掃除をしたことがないのか」と思ったとする。そう思うこと自体はたいした問題ではないが、こうしたマイナス思考を小さな芽のうちにつんでおくことがなかなかできない。だから、次には「掃除をするとしたら、自分しかやる人間はいないじゃないか」と考える。そしておそらく「ああいやだ。こんな場所にいたくない」と思う。こうしてあっというまにいやな気分になってイライラするが、自分の思考が怒りの原因をつくっていることには気づかない。

このような心のつぶやきが始まると、行き着くところは二つしかない——不快なことを考えつづけた結果、いやな気分になって終わるか、玄関や電話のベルで思考が中断されるかのどちらかだ。

だが、ちゃんと自覚して、考えるのをやめるという手もある。自分がなにを考えているかを意識することだ。「おっと、またやってしまった」と自分に向かってつぶやき、自分の思考がいやな気分を引き起こしていること、不快な気分をさらに増幅していることに気づかせる。こうして自分の頭の中を観察することで、思考の砂に埋もれた自分を取りもどし、ストレスや欲求不満を前もって防ぐことができる。

そうすると生活のさまざまな問題を距離をおいてみることができ、大げさに思い悩まなくなる。マイナス思考は早い段階でストップすればするほど、問題の整理や見直しが楽になる。

このちょっとした方法が、私をはじめ多くの人々の人生にどれだけの変化をもたらしたか、口では伝えきれない。ためしてみるとじつにおもしろいが、これだけは言っておきたい——口で言うのは簡単だが、実行は難しい！

自分の考えていることを意識しはじめると、無意識のマイナス思考が想像以上に多いことに気がつく。それでも、わずかな訓練で家庭生活がぐんと楽になるのだから、やってみる価値はある。

## ●072● 仕事の量を大げさに言わない

外での仕事や日常の家事がどれほど多くても、それについて実際よりオーバーに表現するのが世の常だ。

「そりゃ、あなたなら『私の仕事量は、大げさでなく本当に多い』って言えるでしょうね」と息巻く前に言わせてほしい。私にも仕事の量をつい大げさに言ってしまう癖がある。

気がつくと「一日中掃除をしていた」とか「あれを片づけるのに四時間もかかってしまった」というような言い方をしている。実際は長くても二〜三時間掃除をしていたか、一、二時間ほどつまらない仕事をしていただけなのだ。

ある友人は子供に向かって「一日中あなたたちにごはんを食べさせている」と言っていたものだ。実際に一日の大半を子供の世話に追われ、子供に食事を与えるのがどんなに大変でも、食事の用意から片づけまで含めて、せいぜい毎日一時間から一時間半だったといまでは彼女も認めている。これは恐ろしい思いちがいだ！

そうやってもろもろの雑事にかかるエネルギーをすべて大げさに考えていたら、毎日が雑用に押しつぶされているようで気が滅入ってしまうではないか。
残念なことだが、仕事を大げさに言うのは、友人や配偶者や子供たちに自分がどんなに忙しいかをこぼしたいという兆候だ。反対に、人が三十分もソファーでのんびりしたり、雑誌を読んでしまったと言っても、あなたは聞こうとしないだろう。自分でもそうやって過ごすこともあるのに、だ。

仕事や家の用事を少々大げさに言ってもたいしたことはないと思うだろうが、よく考えてみると、驚くような事実に気がつくはずだ。

仕事を大げさに言うと、精神的な負担が実際以上に大きくふくらんで、生きるのが必要以上に厄介に思えてくる。自分がかわいそうになり、無気力になる。

「まだこんなにやることがある」とか「なんでこんなにはたらいてばかりいるんだ」とか「ああ、全部やるには時間がとても足りない」と誇張して考えることで、心身ともに疲れはててしまう。正しい判断が失われ、仕事や生活に対する感謝の気持ちを忘れてしまう。

つまり、楽しいことも苦しいことも含めて家庭をもつ意味を考えるかわりに、それによって仕事が増えることばかり気にするようになるのだ。全体像を見失い、家庭から得られるものは単なる負担としか感じられなくなってしまう。

繰り返すが、家庭の仕事は多くないといっているのではない。どれほど多いか私もよく知っている！　これほど大変なのに当然と思われがちな家事をしっかりこなしている人を、女性であれ男性であれ、私はないがしろにしたりしない。だが、それはそれとして、多くの人がおちいりがちな「仕事量を大げさに考える癖」を改めれば、家庭生活のストレスは大いに解消されるだろう。

人生は「やるべきこと」の連続だと思わずに、ちょっとした気晴らしや自分のための楽しみの時間を見つけて感謝の気持ちをもつようにしよう。

## ●073● みんなにも、人生の喜びを

私は手紙にサインをする前に、「人生の宝物を大切に」のひと言を添えるようにしている。手紙以外でも著書にサインをするときや、仕事でのボイスメールの終わりにこの言葉を使っている。人生のすばらしさや、この地球に生きている幸運をみなさんに思い出してほしいからだ。

このひと言を記すとき、私は本気でそう願っている。感謝の気持ちこそが幸福な人生を送るための一つの、あるいはほとんど最大の知恵だと信じている。感謝の気持ちをもつことは、すべてのものごとを正しい目で見る姿勢につながる。

私たちは人生の喜びという宝物を、あまりにも当然のものに思いがちだ。考えがあってというより、ほとんど習慣として慌ただしく駆けまわり、いちばん大切なことを忘れてしまっている。家庭、家族、友人、財産や健康だけではなく、人生そのものさえ、ないがしろにしてしまっているのだ。

人生の宝物について思うと、それまで煩わしいと感じていた小さな出来事さえも大切なものに思えてくる。

感謝の気持ちは広い視野をもたらし、イライラや反発を減らしてくれる。実際、感謝の気持ちでいるときは、問題などなにもない気分になる。複雑な状況のなかにあってさえ、ユーモアを見つけることができる。

人に人生の喜びを思い出してもらおうとすると、自分でもそのことを意識するようになる。

配偶者、子供、友人、両親、近所の人――とにかくだれかに人生の喜びを思い出すようなヒントを贈って、その反応を見てみよう。きっと人生に感謝することが、暮らしを楽しむ気持ちにつながっているのを実感するだろう。

それが周りの人の生活を変えるのと同じように、あなたにとっても一日の価値、人生の意味がより深いものになるだろう。人生への感謝の気持ちは、人を親切に、謙虚に、寛容にしてくれると同時に、花の香りといった日常の小さな喜びに目を向けさせてくれる。

あなたの周りの人に人生の喜びを思い出してもらう。この提案をいつも心にとめておいて、ぜひ実行してほしい。人の役にたつだけでなく、あなた自身にも大きな救いとなるだろう。

## ●074●

# 同じミスを繰り返さない

何年も前、オーストラリアのテニスプレーヤー、ケン・ローズウォールが強さの秘訣をたずねられたとき、「ミスは多いが、それを繰り返すことはしない」と答えていた。

そのときの自信に満ちた様子は、いまでも強く印象に残っている。彼のメッセージは、家庭でのストレスを減らすことにも役だつはずだ。

ミスや失敗は、それ自体たいした問題ではない。実際、学んだり成長するためにも失敗は必要だ。問題は、自分が失敗を認めたりその理由を考えようとしない点だ。そのせいで同じ過ちを二度、三度と繰り返すことになる。

私の場合、なかなか直らないのが、どんなに忙しくても電話が鳴るとつい出てしまう癖だ。娘を学校に送るぎりぎりの時間になっても、まだ用事で手が放せないことがある。そんなときでも電話が鳴ると受話器に手が伸びて、さらに状況を面倒にしてしまうのだ。こちらの仕事も片づいていないが、電話の向こうには私が出るのを待っている人がいる。

だが、その人は私が忙しいことを百も承知かもしれないし、「お忙しいんですから、出ていただかなくてもよかったんですよ」と言ってくれることさえある。

私はそう気がつくまで、何度となくこの過ちを繰り返していた。そしてその癖を改めたことで大いに楽になった。過ちに気がついたことが、習慣を改めるきっかけとなったのだ。

いまでは忙しいときに電話が鳴っても、電話が鳴っていると思うだけで受話器を取ろうとはしなくなった。この小さな変化のおかげで以前のような最悪の状況におちいらずにすみ、すっかり気が楽になった。

そのほかにも、私はたくさんの悪い癖を克服してきた。子供との言い争いに真剣になりすぎることや、一日の予定をあれこれ詰め込みすぎることや、机の上の整理になかなか手をつけようとしないといったことだ。

あなたも自分の悪い癖をちょっと思い出してみてほしい。そういう癖があること自体はどうということはない。問題は、直そうと思えば直せるものをあきらめていることだ。ほとんどの人はそうやって自分を甘やかしているが、これだけは保証しておこう――自分の悪い癖を認め、改めると気分が一新すること、直そうと意識すると悪い癖はしだいに消えていくことを。

## ●075● こちらの要求がわかっていないこともある

「あの人には理解するセンスがない」という言い方を耳にしたことはないだろうか。あなたの言ったことを相手がわからず、求める内容を把握できずにいるという意味だ。

たとえば、私が上の娘に足し算を教えていたときがそうだ。足し算などやったことがなかった娘は、みんなと同じように指や道具を使わないと計算できなかった。しかし、ついにその意味を把握した瞬間から、指を使わなくてもまるで魔法のように足し算ができるようになった。

勉強をやりはじめたばかりの娘に数学のセンスがないと怒ってもしかたがないし、それはかわいそうというものだ。私とクリスは、ほとんどの親同様に娘もいずれ足し算の原理を理解すると思い、指を使うことを許していた。

理解するセンスというものを考えるのに、五、六歳の子供の足し算学習の例はとてもわかりやすい。自分にとって大切なことを相手がわかっていると思い込んで話したら、まるでちがって受けとられることがある。

たとえば、いくらだらしがない妻や夫でも、少なくとも片づけるとか、家計の範囲内で生活することの意味ぐらいはわかっているはずだと思い込む。ところが、じつはその意味すらわかっていなかったりするのだ。子供に静かにすること、がまんすること、よい子でいることといった当たり前のルールを求めても、じつはその意味がわかっていないかもしれない。自分にとっては常識でも、相手にとっては非常識ということが実際にある。

問題は本人の「したくない」とか「やる気がしない」ことではなく、たんになにを求められているのかがわかっていない点にある。それではまるで外国語で話をしているようなものだ。

こうした可能性を頭に入れておけば、相手にわかってもらえないイライラもずっと少なくなる。こちらの言い分を通そうとするかわりに、広い視点と相手への思いやりが生まれてくるだろう。相手にわからせようとやっきになるのでなく、相手が新しいことを理解していくプロセスに辛抱強い「先生」として参加すれば、相手の欠点ではなく、長所を引き出せるはずだ。

わが家のお気に入りのベビーシッターについて、クリスがおもしろいことに気づいた。彼女は子供の世話をするのはとても上手だが、私たちが外出先から帰ってみるとキッチンはいつも爆弾が破裂したような状態だった。使ったら必ず片づけるようにと何度も言い、そのたびに彼女は「わかりました」と答えるのだが、キッチンは相変わらずメチャメチャだった。私たちのイライラがつのり、ついにクリスが、そのベビーシッターには「片づける」という意味がわかっていないのではと言い出したときには、もうお願いするのをやめようかと考えたほどだ。

ところが驚いたことに、クリスの思ったとおりだったのだ！ ベビーシッターの目には、そのキッチンは求められたとおり、きちんと片づいて見えていた。彼女の家のキッチンはいつも散らかっていて、彼女の家ではそれが普通であり、たいした問題ではなかった。しかし、わが家では大問題だったのだ。

この件は、一転してハッピーエンドとなった。私たちは、どうすれば「希望どおりに片づいたキッチン」になるか、三十分かけてやってみせた。それ以来、わが家のキッチンは非のうちどころなく片づいている。解決策は、叱りつけることでもなく、がまんできずに彼女をクビにすることでもなかった。片づいたキッチンとはどんなものかを彼女にわからせるだけでよかったのだ。

あなたも求めているものがなにかを相手にわからせることで、毎日のトラブルがより早く解決できるようになるだろう。

## ●076● 家族はお互いに飾れない

「家族が他人に対するようにていねいに接してくれない」と嘆く声をずいぶん聞いてきた。友人や会社の同僚や赤の他人でさえもっとていねいに接してくれるのに、家族にはないがしろにされ、なにか話そうとしても聞いてもらえないことにショックと失望を感じているという。家族が他人より厳しい非難を浴びせることに憤慨する人も多かった。

あなたが平和な家庭生活を送りたいと思うなら、これはしかたがないとあきらめるのが肝心だ。

家族は自分にとっていちばん大切ではあるが、その家族はつねに他人とは違う接し方をするもの。あなたは家族みんなの長所も欠点もわかっているが、同じように家族のほうもあなたのすべてを知っている。これは、人はいちばん身近な人といるときがいちばん居心地がいいという人間の法則からきている。家庭の中では鎧《よろい》をぬいで、これといって失うものがない安心感を味わう。経験的に、家族に対してならどんな態度をとっても大丈夫、と思うようになっているのだ。

たとえば、家族に怒ったり、落ち込んだり、イライラしたりするところを見せても、その愛情を失う心配はないと思っている。家族の愛を失うことがないという安心はとてつもなく大きい。つまり家族の前では体面を考えたり、とりつくろう必要をほとんど感じないということだ。

家族に自分の悪い面を引き出される場合もよくある。家族は他人がふれないような心のスイッチを押してしまうからだ。これは親しさや遠慮のなさからくるまったく悪気のない行為で、一緒にいて心からリラックスできるからこそ起きること。家族はこちらの弱みと能力をよくわかっているだけに、欠点や人間的な弱さに目がいきやすい。それについては抵抗するよりも、感謝をもって受け入れよう。ありのままの自分でいられ、そういう自分を愛してもらえるのは幸せなことだ。

うちの娘たちは、私のいちばんよいところと悪いところをだれよりもよく知っている。二人にときどき笑われるのだが、私自身、人にリラックスして生きることを説いているのが恥ずかしくなるときがある。娘と言い合ったり、ロゲンカをした直後に講演に出かけようとしたとき、上の娘にこう言われた。

「他人にリラックス法を教えに行ってらっしゃい、ダディ!」

やられた! だが、彼女の言うとおりだ。

こんな家族の態度にカッとせずにやりすごす唯一の方法は、それを当然のことと受け入れ、どこの家庭でも同じだと思うこと。例外はないし、それでいいのだと思うことだ。

実際、家族同士のそういう接し方は、それぞれの家庭生活を個性豊かなものにしてくれる。

ちょっと考えてみるといい。子供や配偶者から言われるような遠慮のないセリフを他人から言われたら、きっとがまんできないだろう。抵抗せずに受け入れることを学ぶうちに、こうした家族のつきあいのなかにユーモアや無邪気さを見いだせるようになる。そして、自分も家族に同じ態度をとっていると気づくようになる。

まずはリラックスし、あなたに対する家族の態度を受け入れよう。ときには無礼に思えても、家族はあなたを心から愛している。その態度は多くの場合、かたちを変えた愛の贈りものであったりする。

## ●077● キャンプで不便さをかみしめよう

ちょっと唐突に思われそうだが、私は本気でこう考えている。家のありがたさや便利さをあらためて実感できる確実な方法は、キャンプに行くことだ。同時にキャンプの楽しみも味わえる。

私の友人にも、小さな子供たちと一緒に貧乏旅行とキャンプで夏休みを過ごした家族がいる。その旅行にはいくつかの目的があったが、日常生活への感謝を思い出させるのが最大の目的だった。「旅行は大成功だったよ」と彼は言った。彼の子供たちは、自然の美しさと同時に重労働と不便な生活を味わったことで、旅行からもどると家に対する感謝の気持ちを新たにしたという。

彼の家はとても質素だが、そんなことは関係ない。わが家でも数日のキャンプでまったく同じ経験をしている。そのたびに一家で、謙虚な感謝の気持ちを取りもどしている。

自然の中に放り出されると、ふだん何気なくしていることに大変な努力を求められる。料理をする、火をおこす、コーヒー用の水を手に入れる、寝心地のよい場所を見つける、シャワーを浴びる、夜中の読書――ちょっとあげてみてもキリがない。実際、トイレ一つをとっても一大事だ。キャンプする場所にもよるが、トイレまでちょっとしたハイキングをしたり、自分用の穴を掘らなければならないこともある。

誤解しないでほしいが、キャンプそのものには楽しみがいっぱいあるし精神的にも非常にいい。だが、その一方で労働と不便も山ほどついてまわる。

去年の夏、娘たちを連れてアメリカスギの森林に恒例のキャンプに行った。娘たちは体のあちこちを蚊にさされ、楽しみにしているテレビ番組も見損ない、荷物が多くてお気に入りの本も持っていけなかった。そんなこんなで突然わが家は私たち家族にとって、なかなかごきげんな場所に一変した。

キャンプについていいえるのは、家にもどったとき、熱いシャワーと柔らかくて寝心地のよいベッドがどんなに快適でありがたいものか感じるようになることだ。

というわけで、こんど家についてなにか家族から不満が出てきたら、キャンプを計画するといい。不満はきっと消えてしまうだろう。

●078●

# 子供を「先生」と見なす

クリスと私は、このテーマをとても大切だと感じてよく話し合っている。これは、子供を「自分にとって必要かつ面倒をみなければならない相手」ではなく、「ほかのだれにも教えられない、人生の大切な一面を教えてくれるために存在する人」と見なすことだ。

こう理解するだけで思いがけないほど多くのことを子供から学び、よりいっそう感謝できるようになるだろう。

年齢がどうだろうと、子供は親にとって最高の「先生」だ。子供は人生でもっとも大切なことを私たちに教える力をもっている。忍耐、無償の愛、尊敬し合うこと、問題解決の技術、変わっていくものごとや人生をありのままに受け入れることなどだ。毎分毎秒、子供たちは「時を超えた価値」を教える潜在的な力で、親にさまざまな経験を与えてくれる。

子供をもつ親は、毎日の子育ての責任以上に厳しい試練や、やりがいのある仕事はないと知っている。そして子供ほど親の怒りに火をつけたり、心をためしたりするものもないことも。

だが、こんどあなたがカッとしそうになったときには、ちょっとちがう目で状況を見てみることをおすすめする。いつもどおりに反応するのではなく、ちょっとした実験をしてみよう。

「いったい、この子は私になにを教えようとしているのか？」

こう自問するのだ。

私はついさっきも、この方法をためしたばかりだ。娘が私に口答えしたときに、怒りのスイッチが入ってしまった。子供の口答えは、ほかのどんなトラブルよりもこちらの神経を逆なでする。私は子供に口答えされるとすぐにお説教を始める癖があるが、ご存じのようにほとんど効き目がない。そこで今日はちょっとスタンスを変えて、「この子は無意識のうちに、私になにか教えようとしているのではないか？」と自問してみた。

答えはきっぱり「イエス」だった。そして私は二つのことに気がついた。

一つは、私はもっと忍耐強くなる必要があること。言い返すことばかり頭にあって、娘の言い分をちゃんと聞いていなかった。一歩引いて考えてみれば、娘の言い分は思ったほど無礼でもなく、たいしたことでもないと気づいた。

二つ目は、私とクリスの会話が娘のお手本になっていることだ。私は人の話を聞いていないことがあるくせに、娘にはこちらの話を聞かせようとする。よく考えてみると、娘が私に口答えするのは私が彼女の話を聞いていないときだった。つまり私に必要だったのは、お説教をするよりもいいお手本を示すことだったのだ。

いいお手本を見せれば見せるほど、娘がますます素直でやさしい子になってくれることがわかった。状況はそのときどきでちがうだろうが、あなたも子供を「先生」と考えてみると、きっと多くの発見をするだろう。

こんど子供の態度に腹をたてることがあったらためしてみてほしい。目の前の子供を「先生」と思えば、あなたも子供も親子の関係も、きっと大きく変わるはずだ。

# ●079● あの世は手ぶらで行くところ

人間は死んでしまえば家を去るが、そのときこの世で持っていたすべてのものも置いていくことになる。

こんな当然のことを忘れて生きている人が多い。物質に永遠の価値があるかのようにホコリを払ったり、手入れをしたり、買い込んだり、保険をかけたり、保管したりに多くの時間とエネルギーをかけて守ろうとする。

あの世にはなにも持っていけない。そう考えることはとても大切だ。生きているうちに物質的なものを楽しむなという意味ではない。もちろん大いに楽しむべきだ。そうではなく、広い視野から「人生でいちばん大切なものはなにか」を繰り返し自分に問いかけることが大切だと言いたいのだ。

たとえば、こんな質問を自分に投げかけてみてほしい。

「洗面所はとことんきれいにしないといけないものか？　それで生活に潤いができるだろうか？　それよりも配偶者や子供たちや犬と、一緒に散歩に行くほうが大切じゃないか？」

くどいようだが、洗面所の掃除なんか必要ないと言っているのではない。ただ、心にとって大切な行為も必要だということだ。

これだけは保証してもいい。いつか人生を振り返ったとき、これまで手に入れた物や業績の数々よりも、愛する気持ちを相手に伝えたことや大切な人と過ごした時間、社会に貢献したことのほうが、はるかに大切に思えるだろう。

この真理をいますぐ自分のものにすれば、心のための行為が優先されるようになる。それはうわべだけの人生と、本質をそなえた人生の分かれ道だ。

家は人生の大きな一部だ。人は家に住み、そこで多くの時間を過ごす。家族や友人や、多くの人と食事をともにするのも家だ。しかし、大切なのは家で人と分かち合う愛情であって、家という建物ではない。物や家はこの世で楽しむもの、この世での生活を暮らしやすく快適にするものだが、必要以上に執着しないことだ。

死ぬときはなにも持っていけない。そう考えることで、新たなものごとの受けとめ方や自由が手に入るだろう。

## ●080●
# 慈善活動に参加する

家族そろって人や社会のためになにかをすることほど、家族の絆を強くするイベントはない。それだけを考えてみても、家族で楽しめるような慈善活動はすばらしい。

わが家のお気に入りは、バージニア州リッチモンドに本部のある「手紙で養子をつくる」プログラムだ。だれもが参加できることも、本書のテーマにふさわしい。

このプログラムでは、家族みんなが援助する子供と知り合いになれる。手紙や写真のやりとりを通じて、相手と友達になれる。ただのお金のやりとりとちがって、家族でそのプロセスに参加することができるのだ。

まず「手紙で養子をつくる」組織のパンフレットを取り寄せ、子供にこれから家族で援助する子供の写真を見せ、なぜ援助をするのか話す。会の活動について話し合い、家族でその内容のすばらしさを確認し合う。

もし実際にお金を送るなら、小切手にサインするところを子供にも見せてあげるといい。封をして郵便ポストに入れるぐらいは小さな子供でもできるだろう。お金がどう送られてどう使われるか、そのプロセスに子供も一緒に参加するのだ。

なにに対して援助をしたいか、どうしてそう思うのか子供に聞いてみよう。お年寄りか、ホームレスか、それとも飢えに苦しんでいる人々か。それとも、ガン撲滅活動に協力したいのか、目の不自由な人へのボランティアか、捨てネコのための募金か、地域振興活動か——それは、地域や世界でいまなにが必要になっているのか家族のあいだで話し合ういい機会だ。社会になにか貢献したいというあなたの思いを家族に知ってもらう機会にもなり、それ自体が楽しくてやりがいがある。

お金を援助する余裕がなくても、家族が力を合わせて奉仕することはできる。わが家の近所の教会では、ホームレスのためのお弁当サービスを毎週土曜日に行っている。それだって、家族と土曜日の午前中を過ごす、すばらしい方法だろう。

なにをするかよりも、とにかくやってみることが大事なのだ。与えることは気持ちがいいし、それによって人と、とくに家族と通じ合うことができる。あなたの家庭でも、ぜひためしてみることをおすすめする。家族の絆が深まり、いちばん大切な価値も高まるだろう。

こうして一つ一つの家庭が小さな善意を行えば、世界はもっと住みやすいところになるはずだ。

## ●081● 管理人さんとうまくつきあう

ア　パートやマンションの大家さんや管理人には、つい要求ばかり多くなったり、短気になったりしがち。そういう態度を続けているうちに、自分もこらえ性がないのが当たり前になってしまうのが問題だ。そうなると、すべてにがまんができず、たえずイライラに悩まされるばかりでなく、生活していくうえで管理人を味方につけるメリットも得られなくなる。

昔、私が大きなアパートに住んでいたときのこと。当時のルームメイトが管理人にあれこれ注文をつける一方で、どうやらあまりていねいに接していなかった。彼は自分の主張は正しいと信じていて、管理人にちゃんと扱われていないのだと思い込み、さらに強い調子であれこれ求めるようになった。ルームメイトの主張や態度が正しかったかどうかは、この場合あまり関係がない。どちらが悪かったにせよ、結局そのルームメイトは敵をつくってしまったのだ。問題は私たちの大学があった町は大変な部屋不足で、私たちはそのアパート以外に住む場所がなかったことだ。

険悪になってからの管理人は、ほとんどなにもしてくれなくなった。暖房の調子が悪いといってもいちばん後まわし。冷蔵庫の水漏れも修理までに数週間。だれかが私たちの敷地に勝手に駐車しても、それはこちらの問題ということで管理人はいっさい助けてくれなかった。

ありがちな話だが、管理人としてはできるだけのことはしていたのに、ルームメイトはそれを理解していなかったのだろう。そのアパートは世帯数が多いうえに古くて、たえず修繕や器具の取りかえが必要だった。

管理人にしてみれば、まちがいなくはたらきすぎなのに賃金は安いという不満があったにちがいない。だから管理人の優先順位は、まず急ぎの重要事項、次に気に入った住人からの頼みごとになりがちで、緊急の用事でもお気に入りの住人でもない私たちからの頼みは、いつも後まわしにされたというわけだ。

しかるべき要求を強く主張しなければならないこともあるだろう。だが、そのエネルギーは数少ない、本当に闘うべき場面までとっておくようにしよう。それ以外のときには、できるかぎり寛容な心でがまんする。外からはわからないが、大家さんも管理人もそれぞれの生活や個人の悩みをかかえながら生きているのだ。

私は管理人の味方をするつもりもないし、本を書きつつ管理人の仕事をしているわけでもない！　ただ、管理人とは日ごろから仲よくしておいたほうがぜったいに得だと言いたいだけだ。いいつきあいをしているだけで、管理人はさまざまな便宜を図ってくれるものだ。

大家さんや管理人とのおつきあいは、小さいことにくよくよしないように生きるいい例だ。あなたが広い視野に立って理解と忍耐をもって接すれば、それだけ相手の対応はよくなる。

こんど管理人の助けを借りるような問題が起きたら、ちょっとした実験をしてみるといい。まず管理人に「いつも本当にご苦労さまです。忙しいのにとてもよくやっていただいて本当に助かっているんですよ」という気持ちを伝える。そのうえで、やさしく、ていねいに頼みごとをする。相手の心を操ろうとしないで、あくまでも親切で心の広い住人として話をすること。

管理人の対応が一変して、きっとびっくりするだろう。

## ●082●

# エクササイズをする

考えてみると、私の知り合いの少なくとも半数は、まったくエクササイズをしていない。理由は「時間がない」から「キツイ」「楽しくない」までさまざまだ。エクササイズの専門家ではないが、私はエクササイズを始めて以来、ずっと楽しんでいる。体の具合が悪い以外の理由でやらないなんて、なんとももったいない。エクササイズをすると、ものごとに動じない心穏やかな生活がじつに簡単に手に入る。エクササイズをしない人たちは、家庭のどうしようもない問題に対処するうえで、ずいぶんむだなエネルギーを使っているのではないだろうか。

私自身は、エクササイズをあきらめてまでやりたいことはないし、そんなもったいないことはできない。気持ちよく、健康的で、心も穏やかになり気力も充実する――やらない理由など考えつかない。定期的なエクササイズは、心と体を落ち着かせる脳内物質、エンドルフィンを分泌させると証明されている。だから体を動かしたあとは、それまで心を煩わせていた薄雲が前ほど気にならなくなったり、大きな悩みにもずっと冷静に対処できるようになる。

たしかに、エクササイズは時間をとる。私は週に五日か六日、一回に四十五分から一時間をエクササイズにあてている。だが、それだけの時間をかけても体の不調や病気が減り、生産性が向上するならお安いものだ。定期的に実行した結果、ものごとに動じない効率のいい生き方が少しでも身につけば、人生がどれほどよくなるか考えてみるといい。さらに健康上の利点も頭に入れておこう。エクササイズを続けていると睡眠もぐっと深くなるはずだ。

もちろん腰を上げるのは大変だし、言い訳ばかりがつい先にたつ。だが、私はこの二年間にすごい人たちと出会った。一人は車イス、もう一人は重度の身体障害者だが二人ともフルタイムの仕事をもち、家族を養い、定期的なエクササイズを続けていた。まずは一度エクササイズの効果をためすことをおすすめする。ウオーキング、ジョギング、ハイキング、自転車、自分が楽しめるものならなんでもいい。まずは始めることだ。

きっと、すぐに家庭でのくよくよが少なくなり、エクササイズをやって本当によかったと実感するだろう。

## ●083● 小さな進歩に目を向ける

これは、人生のさまざまな場面で活用できるうえに、家庭でもとても役にたつ生活の知恵だ。「なにをやっても変わらない」と感じてゆきづまったときに思い出すといい。

人生はつねに変化しつづけている。ところが自分のことととなると身近すぎて、いままさに起こっている変化に気がつかない。

ごく月並みな例だが子供の成長を考えてみればよくわかる。毎日一緒にいるとあまり気がつかないが、久しぶりに訪れる友人や親戚は、子供に会うと必ず「まあ、大きくなったこと！」と驚く。

日常生活には、解決できそうもないイライラがつきものだ。子供のきょうだいゲンカ、片づかない洋服ダンスや、留守電のメッセージの山といったうんざりさせられるゴタゴタがひしめいている。

問題は、私たちが完璧な状態を求めてしまうことにある。完璧さを期待するあまり、ちょっとした変化や進歩など目にとまらず、みじめな気分になってしまうのだ。

そしてゴタゴタがすっかり片づかないかぎり、幸せにはなれないと思い込む。そういう決めつけの行き先は不満だらけの人生だ。現実の生活では、子供は毎日きょうだいゲンカをしているし、洋服ダンスはめったに片づいていることはないし、留守電のメッセージは必ず何件かたまっている。

完璧さを求めるのをやめて小さな進歩に目を向けることを学ぶと、人生はぐんと楽になる。その気になれば、進歩はどこにでも見つけられる。子供のケンカは相変わらずだとしても、先月より回数が減っているかもしれない。洋服ダンスも一部だけなら片づけられるかもしれない。それでも散らかったままよりはましだ。留守電の返事も、二、三本ならかけられるかもしれない。そうすればたまっていたメッセージの山は少しだけ減る。

小さな進歩に目を向けるようになると、トンネルの向こうに光が見えてくる。そうすると、ときには最悪に思えていた人生が、じつはそんなに悪いものじゃないと思えてくる。毎日の生活を素直な目でよく見てみれば、そうした小さな進歩があちこちに起きていることにびっくりするだろう。

注意を向けているうちにだんだんストレスが減っていき、やがて人生の大きな喜びを味わえるようになる。

# ●084● 子供が本当にほしがっているものはなにか？

あなたがスチュワーデスでも、セールスマンでも、ウエイトレスでもコンピュータの専門家でも、レストランのシェフでも、子供は両親の仕事がなんなのかにあまり関心がない。私の娘は私が本を書いていることや、心の問題の専門家として人気があることにとくに感心してはいない。たとえ私が医者、弁護士、映画スターだったとしても、同じように無関心だろう。あなたが自分を犠牲にして家族のために一生懸命はたらいていることにも感謝はするだろうが、あなたの努力に見合うだけの感謝とはいいがたい。

子供にとって大事なのは、親であるあなた自身が彼らと一緒に過ごす時間だ。子供が話すことにちゃんと耳を傾け、無条件に愛してくれる、その時間なのだ。

「人生でいちばん大切なのは子供」と口では言っても、実践するのはたやすくない。すべてに子供を優先するのは難しいし、できないことを正当化する理由もたくさんある。そこでさっきの考えにもどることになる。

「子供がほしいのは、親の社会的な成功ではない。彼らが必要とし、ほしがっているのは親の愛情なのだ」

あなたが子供と一緒にいる時間が少ないといって、罪悪感を感じさせようとしているのではない。私自身、子供が寝ているうちに出張で空港に向かうとき、夕食の途中に大切な電話が入ったとき、用事で子供の学芸会を見に行かれないときには、罪悪感を感じている。しかし、ここでの目的は罪悪感ではなく愛情をもつことだ。

子をもつ親としていうのだが、子育てというものはその最中には永遠に続く闘いのように感じられるが、まったくそうではない。子供が巣立っていくまでのかぎられた時間のなかでともに過ごし、お互いの愛情と尊敬をはぐくむわずかな機会なのだ。

私は、ときどきこう思い出しては心が軽くなるし、あなたにとっても役にたつ発想だと思うが、子供は親のお金や成功がほしいのでもなければ、一生懸命はたらいているると繰り返し聞かされたいのでもない。子供は、親である私と一緒にいたいだけなのだ。なにも生活のためにはたらくことや成功なんて、意味がないと言っているわけではない。ただ子供にとっては最大の関心事ではないというだけだ。

人が死の床で、「ああ、もっと会社で過ごす時間をとればよかった」とか、「自分の夢の実現にかければよかった」と考えるとは思えない。多くの人は、子供との大切な時間をなぜもっともたなかったかと後悔することだろう。それがわかっているのなら、心の中の優先順位をちょっとだけ見直してみよう。

子供がもっとも必要とし、ほしがっているのは親の愛情なのだ。子供は、ほかのことに気をとられたり、どこかに急いでいる途中に片づけるのではなく、真剣に自分の話を聞いてほしいと思っている。自分の出るサッカーの試合を、義務感からではなく見ずにはいられないから見てほしいと思っている。抱きしめてほしい、本を読んでほしい、一緒にいてほしい。子供はいつも宇宙の中心にいたいのだ。

今朝も親しい友人と、子供の成長の早さについて話をしていた。話しながら、わが子にかぎらず子供とはなんてすばらしいものだろうとあらためて感じ、多くの困難はあるとしても、やはり子供を第一に考えていこうと思った。

できるだけ多くの人に、そう考えてもらえれば幸いだ。

●085●

# 「わかったつもり」で接しない

とくに家族のあいだでありがちだが、親しくなるとつい、相手がなにを考えているか、なにをしようとしているのか、わかった気になってしまう。

この項は「人の心を読もうとするな」「(読んだ結果、自分のとった行動を)相手のせいにするな」がテーマだ。

以前よりはましになったが、私はいまだによくこの失敗をする。昨日の朝もそうだった。娘が学校へ行く支度をせずいつものようにグズグズしていた。これまでもそういうことが何度かあったので、私は靴が見つからないのだと思い、つい短気になって「早く捜してきなさい!」と大声をあげてしまった。ところが、「前のときはそうだった」という思い込みにすぎなかった。私は現実を目にしていながら、真実を見てはいなかったのだ。

娘は自信まんまんに言った。

「ダディ、靴なら玄関にあるわ。うちの中で靴をはかないようにって、ダディが言ったのよ」

娘の言うとおりだった。私はまたしても、朝のひとときを不愉快な気分で過ごしてしまった。それは娘のせいではなく、私の受けとり方に問題があったのだ。

こういう態度が、家庭でのイライラを引き起こすことがおわかりいただけただろう。他人の考えを勘ぐっているとき、ほとんどの人は自分にとって迷惑な内容を探し出そうとしている。そして必ずといっていいほど期待どおりのものを見つけ出し、自分の想像が正しかったと満足するのだ。

たまにその手の想像をはたらかせたからといって、すぐ人間関係に響くおおごとにはならない。だが、これはいつの間にか癖や習慣になってしまい「たまに」ではすまなくなる。そうなると、自分でも気づかないうちに憶測のために思わぬ時間を割くはめになる。人間の心は瞬時に想像力にはたらきかけ、自分の思ったようにしか現実を見ようとしない無意識の思い込みを生む。

そうならないための方法は、シンプルだが実行するのは難しい。つまり、いつでもどんな状況でも、勝手な勘ぐりが顔をのぞかせたら「他人がなにを考えているか、なにをしようとしているか自分にはわからない。わかると思い込んでいるだけ」と謙虚な気持ちになること。

これまでいつもそうだったからといって、今後も変わらないはずだと思ってはいけない。それはうぬぼれというものだ。あなただって家族から勝手な思い込みをされ勘ぐられたら、不愉快になるに決まっている。

憶測で動くのをやめて、きちんと現実に対応すると、悩みやイライラが少なくなると気づくだろう。想像したとおりにことが進んでいくかどうかをたしかめるのでなく実際に起きたことを正しく受けとめて対処すれば、心もリラックスし、ずっと現実的になる。あなた自身のストレスが減るだけでなく、そうしたあなたの変化は、周りからもまちがいなく歓迎される。

ちょっとした心のもちようで、家族がお互いに尊重し合えるようになるだろう。

## ●086● 静かな話し方は訓練で育つ

静かな話し方は、聞く人の心に落ち着きと潤いを与えてくれる。それは生まれながらの資質のようなもので、話し方が穏やかな人は子供のころから、ずっとそうだったんじゃないかと思っていた。実際ある程度はそうかもしれない。だが最近では、話し方も努力しだいで変えられると思うようになった。

あなたもためしてみれば、どれほど効果があるかわかるだろう。あなたばかりか、家族関係や家庭環境にも大きな影響を与える。

大声で早口に話すと、周りに興奮したとげとげしい空気を送り込む。こちらにその気がなくても、相手はプレッシャーを感じたり議論をぶつけられているように感じて、キリキリ興奮してくる。

言いかえれば、あなたの声が緊張の悪循環を引き起こすのだ。そのエネルギーは一つのメッセージとなって周りに届く。そうと気づかずに短気で攻撃的なメッセージを送っていれば、家庭の中から愛情や、なごやかな空気や、思いやりが失われていく。

声や気質やコミュニケーションは人それぞれだ。だからそれをすっかり変えたり、別人のような話し方をしろという意味ではない。

ただ、少しだけ自分の声に注意して、それが他人にどのように聞こえているかを意識しよう。話し声を少しソフトにするだけで、家の中の空気が一瞬のうちに驚くほど変わることがわかるだろう。

たとえば静かな話し方をしていると、話しているほうも心が落ち着き、ストレスが減ってくる。声のトーンを落としたとたんに、心と一緒に体からもむだな力が抜けていく。すると周りの人たちすべてにその雰囲気が伝わっていくと気づく。

この影響力は絶大で、穏やかな空気はどんな家庭でも歓迎される。私自身まだまだ努力中だが、大騒ぎをしている子供たちをおとなしくさせたかったら、まず自分が落ち着くことがいちばんいい方法だと実感した。まず声のトーンを落とし、続いて気分、そして態度の順にやわらげていく。

考えてみれば、相手に落ち着いてほしいときに自分がわめいたり大騒ぎするのはまったく逆効果だ。それなのに、なぜ逆のことばかりしてしまうのか。

だれかに本当に話を聞いてほしかったら、大声をあげず、静かに話すのがベストだ。相手が尊敬をもって真剣にあなたの話を聞くようになることに、きっと驚くだろう。

●087●

# 遊び心を大切にする

家族円満の秘訣と家族の楽しい思い出をつくり出すもとはなにかと聞かれれば、「家族そろってなんでも楽しんでしまうわが家の性格」と答えるだろう。長年の観察から、家族が仲よく幸せに暮らしている家庭は、どこも似かよった遊び心のようなものをもっていると気づいた。

遊び心とは幸せな資質だ。それをもっている人はいつも笑いや微笑《ほほえ》みをたやさず、自分や家族が必要以上に深刻な気分になるのを救ってくれる。遊び心は人の心をくつろがせ、周りに心を開かせ、くじけても立ち直る力を与えてくれる。また、家族に対する心の鎧をとかせ、子供たちがいつも集まってくるようなムードをつくり、本音で話し合う場では、しっかりと自分と相手の心をつないでくれる。

私は遊び心のない人に会うと、本当にもったいない気持ちになる。そういう人たちは、いつも緊急事態に直面しているようなせっぱつまった顔をしている。きまじめすぎて、しかめっ面をしていることが多く、単純なことを楽しむゆとりがない。

言うまでもなく、遊び心のない人たちはいつも小さいことにイライラ、くよくよしている。

遊び心とは、なんでも笑い飛ばしてしまえる能力で、その余裕が新しいものごとに対して心を開かせる。

たとえば、子供と一緒になって床を転げまわったり大騒ぎする、夜中に夫婦でじゃれ合う——なんでもいいから、心がぱっと陽気になることをしてみよう。

このごろ遊びを忘れていると感じても、そんなに心配しなくていい。まずはにっこり微笑んでみることから始めてみよう。それから、周りの楽しんでいる人たちをながめてみる。「頭の軽い人」とそっぽを向くのではなく、「心の軽やかな人」ととらえてみよう。遊び心は無邪気で、人を傷つけるかわりに心を癒し、元気づけてくれる。純粋な遊び心をもっている人を見て、その人たちがどんなにハッピーでみんなのいいところを引き出しているかを観察してみてほしい。

もっと遊び心をもちたいからといって、自分の個性を殺す必要はない。それよりも小さな一歩を踏み出そう。深刻な気分をちょっと追い払っただけで、あなたがかかわるすべての人の対応がずいぶんよくなるだろう。

周りとうまくやっている人となぜか距離をつくってしまう人とのちがいは、そこにある。

●088●

# 「よくできたことだけ」を考える

一日の中でうまくいかなかったことを数え上げたり、悩んだり、考え込んだりにどれだけ時間をついやしているか考えてみよう。カギを置き忘れた、授業参観に遅刻した、サンドイッチの材料を買い忘れた、子供のサッカー試合の最初の十分を見損ねた、散らかしてしまった、ボールを落とした、届けものを忘れた、だれかを怒らせてしまったなどなど。

多くの人は、そうした失敗やつまずきにばかり気をとられながら生きている。問題なのは、悪いことを考えすぎる代償がどれほど大きいか、みんな気がついていないことだ。ストレス、くよくよ、敗北感、苦難の人生——。それが支払う代償だ。

人生は失敗の連続だ。とにかくやることが多すぎて、失敗を避けてすべて完璧にこなしてなどいられない。そんな毎日のなかで心のバランスを保ちたかったら、完璧とはいえない現実は、片目をつぶって見逃そう。なんでも完璧にできてしまったら、それはそれで人生は退屈だ。

うまくいかないことばかり気にしていると、小さいことにくよくよしてしまう。うまくいかないのはすべて自分のせいに思えて、最低人間だと感じられるからだ。否定的な見方はマイナスのエネルギーとなり、マイナスの思考や行動を生む。

反対に、「よくできたこと」を考えていると、自分の中のいいところに目が行くようになる。自分の能力や、正しい意志が見えてくる。少しぐらいうまくいかないことや、努力を要することがあっても、そんな自分を許す余裕がもてるようになる。うまくいったことを思い出すと、自分に対しても他人に対しても忍耐強くなれる。努力を評価したり、小さなミスがあってもほとんどうまくいっているならまずまずの成果だと認めることができる。「失敗ばかりしている自分」から、「できるだけのことをしている自分」——他人についても同じこと——に評価が変わっていく。

それよりもまず、自分自身が楽しく生きられるようになるのが最大の効果だ。深刻さや厳しさが薄れ、だれかにあなたの努力がちゃんと認められているかのように安心感が生まれる。どんなときにも自分なりにできるかぎりのことをし、結果にこだわらないように。これが私からのアドバイスだ。

どんなに一生懸命やっても、ミスというものはなくならない。この人生の法則に気がついて、自分の弱点よりも得意な部分に目を向けられるようになれば、思ってもみなかったほどの喜びを手にするようになるだろう。

## ●089● 小さな喜びを見つける

人生でのすばらしいものの多くは、とても小さなことで、まったくとはかぎらないがほとんどお金もかからない。

小さな喜びを見つけ出すことは、まちがいなく人生にいっそうの幸福と平和を与えるすばらしい方法だ。

クリスの楽しみがそのいい例だ。彼女は毎年、裏庭にかなり背の高くなるヒマワリを植えていて、花をこんなに楽しむ人がほかにいるかと思うぐらい、そのヒマワリを愛している。日に何度となく庭に出ては、その生長を喜び、大切な花に水をやったり、手入れするのをとても楽しむ。時期を見はからっては二、三本ずつ切り花にして家の中に飾り、家族の目を楽しませている。また友人や親戚が訪れると、花束をお土産《みやげ》にしてまた楽しんでいる。

お気づきのように、ヒマワリは裏庭や家の中を美しく飾るだけでなく、クリスの生活すべてに喜びを与えている。それは彼女の生活の小さな柱となって、ながめたり世話をしているときばかりでなく、一日中喜びをもたらしている。きっとその花を育てる責任感が生活のハリになっているのだろう。

意図したわけではないが、子供たちにもいい影響を与えているのはたしかだ。母親が素朴で美しいものを心から愛し、喜んでいる姿を毎日のように目にすることは、子供たちにとってもすばらしい。

きっとあなたも小さな楽しみを見つけられるはずだ。

私のことをいえば、本屋をぶらついたり、ひとりコーヒーショップでお茶をしたりする時間がそうだ。本を読んだり、子供とふざけっこをしたり、近くの公園でジョギングするのも大好きだ。これは私にすばらしいひとときを与えてくれるもののごく一部にすぎないが、そうした喜びをたくさんもっていればいるほど正しくものを見る目と落ち着きが生まれ、小さなことに悩んだり煩わされなくなる。

まずは一つでもいいから、小さな楽しみを思い出してみよう。静かな読書のひととき、純粋に新しいことを学ぶために授業を受ける、散歩にドライブ……。

あなたもきっと小さな楽しみから大きな喜びを得るだろう。

## ●090●
# 小さなことが、大きな思い出になる

最近、本のプロモーションで、各地のおもしろいテレビやラジオ番組に出演する機会があった。熱狂的な聴衆を前に話をし、出版社、ファン、その他すべての人たちから歓迎された。そのころ『小さいことにくよくよするな!』が全米ベストセラーの第一位になり、本の成功で私自身も高く評価されていた。

というわけで、たった一つのことを除いてはすべてはすばらしくうまくいっていた――私は、家族と会えなくなり、いつものように一緒に過ごす時間がなくなったことで、ひどいホームシックにかかってしまったのだ!

そんなある晩、家に電話を入れると、二人の娘が電話口で私をどんなに愛しているか、どんなに帰りが待ちきれないかを、かわるがわる歌と一緒に聞かせてくれた。二人はハロウィンのカボチャの飾りをつくっていて、いちばん大きいのはダディのぶんにとってあるといった。シカゴ空港の公衆電話を切ったとたんに、思わず涙があふれてしまった。深い感動が込み上げて感情が抑えきれなくなり、うれしさと寂しさがまざり合った涙だった。そのとき私は、どんなにすばらしい人生を生きていようと、どんな夢を抱いていようと、仕事やなにかでどんなに成功していようと、小さな幸福こそが人生でもっとも大きいものだと実感した。

その夜、次の講演先のコネチカット州ハートフォード行きの飛行機の中で、私のもっとも大切な思い出について考えた。それは特別な休暇旅行のことでも、なにか大きな目標を達成したことでもなかった。そうした外の出来事ももちろん大切だが、じかに心に訴えかける経験ほど大きな意味はもっていない。

ある日、私がなにかでとても気がたっていたときのことだ。下の娘のケンナがそんな私を見て言った。

「ダディ、大丈夫、きっとうまくいくから」

やさしく抱きしめてくれた娘は、そのときたった四歳だった。あれから二年近くたつが、私はいまでもそのときの感触や励ましの言葉が耳に残っている。

それから、もう一人の娘、ジャズィとも忘れられない思い出がある。私と娘は悪性のインフルエンザにかかっていて、二人で励まし合いながら病気と闘っていた。ベッドの中でジャズィは、それまで見せたこともないかわいい表情をし、か細いけれどもかわいい声でささやいた。

「あたし、この病気のこと忘れないわ。ダディ、一緒にいてくれて本当にありがとう」

娘はこのときのことをきっと忘れないだろうし、私もけっして忘れることはない。こんなうれしい言葉を聞けたのだから、インフルエンザには感謝しなければならない。

これは、私がこの本の中でもっとも言いたかったことの一つでもある。これから起こるすばらしいことに期待しながら人生を送るのは楽しい。多くの人は出世や、イベント、休暇や、なにか特別な出来事を期待しながら生きているだろう。たしかにそれはそれで楽しみだ。だが、そのようなめったにない幸運ばかりを期待していると、日常の中に起きている、ごく普通だが、はっとするほどすばらしい小さな出来事を見落としてしまう。

子供たちの笑顔や笑い声、他人の小さな親切、大切な人とながめる朝日や夕焼け、秋の紅葉の美しさ。人生や思い出をつくりあげているそうした出来事の一つ一つに気づかず、通りすぎてしまう。

小さな幸せを見つけ、そして感謝する気持ちを心がけていると、観察眼が高まってくる。普通の経験を、非常な関心で見つめるようになる。

人生で本当に意味のあるものはなにかと考えていけば、きっとあなたも最後には「小さいことが大切」という私の意見に賛成してくれるだろう。

●091●

# 一番に自分が冷静になる

「私がやるようにではなく、言うとおりにしなさい」という古い格言は、家庭では役にたたない！　それとは反対に「言うとおりではなく、やるとおりにしなさい」というのが現実だ。一人暮らしでも、二人でも、多くの家族と一緒でも、家の中をなごやかにしたいと思ったら、まずは自分がそのお手本になることだ。

あなたの周りの空気は、あなた自身が発している。

あなたが興奮したり、神経質になったり、取り乱したり、イライラしていたら、周りの家族が幸福な気分でいられるわけがない。むしろあなたを刺激しないよう、腫《は》れ物にさわるようにふるまうだろう。あなたがなにかマイナスの気分をかかえ込んでいたら、家族もある程度は感染するものだ。

あなたの家庭がなごやかでないのは、すべてあなたのせいといっているわけではない。ただ、だれかがお手本になって家庭の空気を変えてくれるのを待っていたら、あなたは長いあいだ家庭の暗い空気をがまんしていなければならないということだ。

だが、あなた自身が冷静に、がまん強く、そして家族への思いやりをもつようになれば、それが家族へと伝わっていく。まずあなたがお手本を示すことで、家族にもよりがまん強く、寛容に、親切になるきっかけを与えることができる。

山あり谷ありの日々の生活にキリキリするよりも、その変化や波そのものを受け入れてしまう気持ちをもつことだ。そうやって自分自身が冷静にことに当たれば当たるほど、面倒な出来事や乗り越えなければならないことにもずっとうまく対処できるようになる。また心を落ち着かせれば、知性や常識が機能しなくなるほど取り乱さなくなり、問題点よりも解決策を見つけやすくなる。

冷静になる第一歩として、まずは「冷静になること」そのものを人生の第一条におこう。あなたの家庭の混乱を、だれか他人がやってきて解決してくれるなどと期待するよりも、自分が落ち着くことを第一の目標に据えて、それに向かって努力しよう。

この本にある考え方や、ほかにも共鳴できるアイデアがあれば、それを実践してみてもいい。心の平安を人生の目的にすれば、問題は整理され、ずっと楽に解決できるようになる。すると周りの人たちの生活にも平和を与えることになり、その結果、あなたが出合う問題も減らせる。

一朝一夕に冷静な人間になることはできないが、努力してみる価値はある。めざそうという決意は、いますぐにでもできることだ。

## ●092●
# 自分の家に感謝する

この本の中でもいちばん実行しやすいテーマだし、いますぐやってみる価値がある。ちょっとでいいから、家について考えてみよう。その効果は絶大。賃貸でも、間借りでも、持ち家でも、あなたが使える場所があるなら、そこがあなたの家だ。住む家がなかったらいったいどんなことになってしまうだろう。どうやって生きていくのだろう。

家という憩いの場所、いつも心に平和を与えてくれる天国のような場所をもっている幸福を、あらためて考えてみるのは大いに意味がある。それにもかかわらず、最近、家を振り返る余裕をもったことがあっただろうか。家の周りすべての環境、壁、床、そして窓を思い出してみよう。あなたが意識して、その家に感謝の気持ちをささげたのはいつのことだったろう。そんなことは、いまだかつてした覚えがないという人に、私は数多く出会ってきた。

大きく深呼吸して、愛する家に感謝をしてみる。いろいろ気に入らないとしても、そこはあなたの家なのだ。当然だと思っているかもしれないが、あなたはそこに住み、その家によって暑さや寒さ、害虫や見知らぬ他人の侵入から守られている。生きること、快適に生活することを家が保証してくれる。

たしかにお祈りや儀式の決まり文句を言うときは「感謝します」と口にしているが、私がここで言おうとしているのは、それとはまったくちがう。

毎日あなたの家族を代表して、住む家があるという幸せを思い出してみよう。たとえどんな家に住んでいようと、その家を維持するためにどれほど一生懸命はたらかなくてはならないとしても。

家への感謝を口にすると、ものごとを正しい目で見られるようになる。苦しい状況にあるときも困難ばかりでなく、生きていることや住む家がある幸せを思い出すことができる。家を維持するための費用や、それにともなうあらゆる負担にくじけそうになっても、感謝の気持ちがあなたを正しい方向へ導いてくれる。

感謝というのはとても強い感情だ。あなたのいいところを引き出し、忍耐力を保たせてくれ、なによりもあなたを幸福にしてくれる。

あなたが私と同じなら、家に対する感謝をはじめて実感したとき、わき起こる感情に驚くだろう。どうしてこれまで感謝してこなかったのかと思うだろう。感謝の気持ちを喜び、はじめて感謝したときに感じる「家をもっている特権」を喜ぼう。

## ●093● 文句に文句で応じない

親になってみて、子供というもののおもしろさをたくさん味わってきた。なかでもいちばん実感しているのは、子供は不平不満の塊だということ。赤ん坊がおぎゃあと泣いて生まれて以来、ティーンエイジャーになってステレオが気に入らないと言い出すまで、子供の文句につきあわずにすむ日はただの一日もない。

かつてある人が私にこう言った。子供や家族が不満ばかりぶつけてくるのは、あなたと一緒にいるのがいちばん快適だからだと。その言葉を思い出すと、「快適なんて思ってくれなくてもいいから、私に文句ばっかり言わないでくれ！」と感じている自分に気がつく。あなたにもそんな覚えがおありだろう。

不平不満には二つの法則があると、知っておいて損はない。第一に人の不平不満を聞かされるとストレスがたまり、だんだんこちらも不平を口にしたくなるということ。たとえば、外が暑くてうんざりしているとする。そこで娘が暑いだの喉《のど》が渇いただのと文句を言いはじめると、私は自分の不快を思い出させられ、いいかげん不平を吐き出すのをやめてくれと思うようになる。ところが子供というのは、やめるどころか何度もしつこく繰り返す。そこであっというまに私のほうもがまんできなくなって、クリスに文句をぶつけはじめる。

「なんだって子供は文句ばっかり言っているんだ！」

つまり、文句は文句を呼ぶ。これが第一の法則だ。

第二の法則は、文句を文句で消しとめられたことは一度もないということ。消しとめるどころか、さらに面倒になるほうが多い。火に油を注ぐのと同じで、文句が文句を呼ぶ悪循環をさらに強力にしてしまうのだ。

ここ数か月、私は人の文句に文句で応じるかわりに、他人の不平不満を聞くのも、人生の一面だと思うようにしたのだ。すると本当に正直なところ、文句を聞き流すことで文句そのものが減ってしまった。人の文句を聞かされる割合いが以前よりも減り、そのことでやり合う度合いも少なくなった。私が娘の文句に前ほど感情的に反応しなくなったことで、娘のほうも反抗しがいがなくなってしまったのだ。

私からのアドバイスはじつに簡単。最初は難しいかもしれないし、あなたの文句ももっともかもしれないが、とにかく文句を言い返すのをやめてしまおう。文句を言うのをやめれば、聞かされる文句の量も徐々に減っていくだろう。とりあえずがんばってみよう。でも思ったようにいかなくても文句を言わないように！

## ●094● 変化を受け入れる

変化を受け入れることはあらゆる場面で重要だが、家庭ではとくに大切だ。あらゆるものはすべて変化するのが真実だ。私たちの体、家族の構成、子供たち——みんな年を取り、変化していく途上にある。二十歳でのものの見方は、四十歳、六十歳、八十歳でのそれとはまったく違う。

同じように、子供たちは成長することで心身ともに大きく変わる。言うまでもなく、あなたのかわいい四歳の息子はティーンエイジャーになり、さらに八十歳になったときにはいまとはまるで別人になっているだろう。

変化の受けとめ方は二つある。変化と戦い抵抗すること、またはそれを認めて受け入れること。

ほとんどの人は変化に全力で抵抗する。年を取ることに抵抗し、家庭の伝統が守られないことに抵抗し、子供の態度の変化に抵抗し、人生のあらゆる大きな変化に抵抗する。変化に逆らうことの問題は、それがどんな場合でも百パーセントむだな抵抗だという点。変化は人生の中で唯一たしかなもの、信じられる数少ないものの一つだ。

不可避への抵抗は苦しみや不幸を生み、反対に得られるはずの喜びを逃してしまう。

四十歳や五十歳の誕生日を迎える不安に多大な時間とエネルギーを使っている人はみんな、それを恐れるあまりに最後の一、二年は現在のことなど上の空になっている。また、子供が巣立つのを恐れるあまり、子供たちが家を離れる一年も二年も前から、家族が一緒に生活しているありがたさを忘れてしまう人もいる。

年を取ることを盲目的に受け入れたり、自分に対するケアを怠ったり、大切な伝統行事を守る努力をしないのをよしとしているのではない。ただ、どうにもできない変化に心を痛めてもしかたがないといっているのだ。むしろ現実は現実として受け入れ、楽しんでしまおう。ある局面の現実しか受け入れないのではなく、次の局面にいったらそれをまた同じように楽しむことだ。目の前にある現実に心を開いてみよう。考えるより適応するほうが簡単だと気づくだろう。

変化を受け入れれば、いまよりはるかに平和な生活に近づくことができる。人生はこうあるべきだと一つの考えにこだわったり、永遠に変わらないと思うのでなく、その場その場の事実をあるがままに受け入れて、感謝しつつ生きていく旅を始めよう。

そうなれば人生は冒険のように、一歩一歩がそれぞれ意味のある、特別なものになっていく。

## ●095● 夫婦の役割を交換してみる

悲しいことに、だれよりもおろそかにしてしまうのは、この世であなたがもっとも愛する人、つまりあなたの配偶者だ。

自分勝手な都合や思い込みで、いとも簡単に自分より相手のほうが生活の責任を楽にこなせると考えたり、相手があなたのために一生懸命やってくれている仕事のことを忘れたり、じつのところ考えてさえいなかったりする。こうした考えは相手をとても憤慨させるが、努力すればかなり避けられる。努力の秘訣は、自分を相手の立場におきかえてみること。

数多くの例外があるのを承知のうえで、いくつか例をあげてみることにしよう。最近では、ほとんどとはいわないまでも、かなりの夫婦がそれぞれ外の仕事をもち、家事を分担している。また、妻が外ではたらいて夫が家庭で子供を育てている夫婦もいる。この例から、私がなにを話そうとしているかお気づきだろうか？

私の男の友人の多くは、妻の存在をないがしろにする間違いを犯している。だが、うれしいことに、何人かはこのテーマを思い出すことでずいぶん助かっているという。

間違いの多くは、夫が外ではたらき、妻が家にいる（もちろん、妻はたくさんの家事をこなしている）家庭で起こっている。ところがこういう保守的な環境にいる夫は、妻の仕事を過小評価し、あいつは楽をしているんだと勝手に思い込んでしまう。自分が一日中外ではたらいているあいだ、妻はすべての欲求が満たされた生活をしていると信じ込む。しまいに夫は、家事や子育てや家庭の雑用にめったに手を出さなくなり、ちょっとでも用事を頼まれると、迷惑に感じる。外での自分の仕事の大変さはわかっていながら、妻の役割については、やって当たり前と思っている。

妻が一週間か、たった二、三日でも家をあけて友人宅に泊まりがけで遊びに行ったりすると、大変なことになる（だがこれは結婚生活を続けるうえで、いいことでもある）。夫たちは実際に家を預かる前、その話が出たとたんにパニックにおちいってしまう。彼らはそういう場面にたたされると、自分の無能さと家事の大変さに気づく。実際、大変な仕事なのだ！

夫婦の仕事を取りかえるというのは、夫婦がそれぞれ相手のためにやってくれている仕事に感謝し、その大変さを思いやるためのアイデアだ。

このアイデアは夫と妻、どちらにも有効だ。家庭にいる妻が、夫が外ではたらくのは当たり前と考えてしまうのもよくあるパターンだ。妻は夫がはたらいて生活費を稼ぐことがどれだけ大変か充分理解せず、帰りが遅いとか、家で夕食をとらないとぶつぶつ言う。

実際に、外ではたらいたことのない主婦が、一週間も夫と役割を交換するというのは現実的ではない。しかし、たとえ想像だけでも、必要なだけのお金を外で稼いでくる大変さを考えるのには意味がある。外で仕事をもったことのない人にとっては、想像するだけでもショッキングかもしれない。

こうした頭のトレーニングは、どちらの仕事がより大変かとか重要かを考えるためのものではない。それぞれ相手の仕事がどんなに大切で、大変なものかを思いやるためのものだ。個人的な事情に関係なく、またすでに夫婦がお互い仕事をもち、家事を分担しているとしても、このアイデアをためしたり、それで遊んでみることは有意義だ。そうすれば、相手があなたのためにはたらき、ときにはつらい思いをしていることに感謝したり、思いやったりするようになるだろう。

保証してもいいが、だれでも感謝されればうれしいに決まっている。そして感謝されると、人は感謝してくれる人のそばにいるのがいっそう楽しくなるものだ。

●096●

# できることだけやって、自分を責めない

どう見ても明らかな事実に対しては、ときには折り合いをつけてしまうほうがいい。そうすればくじけたり、憤ったりしなくてすむ。

人生の中で明らかな事実というのは、たとえばこんなことだ——仕事を片づけるのに充分な時間があったためしがない。だれでも必ずなにかしら片づいていない仕事をかかえている。二つの場所に同時にいることはできない。人生には得るものがあれば、失うものもある——納税日は四月十五日だ！　人はだれでも年を取り、そして死ぬ。すべての人に、すべてをしてあげることはできない。そしてもちろん、家の周りにはつねにやるべきことがある。

こうした問題はいつもごく身近にあるために、だれもがそれをどうにかしようと闘ってみる。「うちの家は、思うようになっていたためしがない」とか、「どんなにがんばっても、これで終わりということがない」とか、よく耳にするのがそれだ。そこで私は気づいたのだが、人生において「絶対にそうなるとはじめからわかっていること」については、受け入れてしまうのがなによりだ。どこに住んでいようと、どんな

立場だろうと、収入の高低にかかわらず「つねにやるべきことはある」というのがそのトップ。文句を言い、整理をし、そうでないことを祈り、賢く計画しても、人生の単純な事実は変わらない。この問題への最善の対処法は、つねにそういうものだとあきらめてしまうこと。私はまったくお金のない人も、充分にお金をもっている人も、そのあいだにいる非常に多くの人も知っている。ところが、そのなかのたった一人でも「やるべきこと」から免れている人はいない。

数週間前の土曜日、クリスと私は家の周りのことをいくつか片づけようとしていた。見まわしてみて、これではいったい、どれだけやらなければならないのかとショックを受けた。洗濯ものの山、汚れた床。上の階にある私のオフィスは前日に整理したばかりだというのに、まるで何か月も郵便受けを開けなかったような状態だ。ハムスターのかごはキレイにしてやらなければならない、表のポーチは掃かなければならない、もちろん子供部屋は毎日掃除しなければならない、私とクリスのベッドも整えなくてはいけない、犬を散歩に連れていかなければならない、下の娘の自転車のサドルを上げてやらなくてはならない。これまた重要なことに、家の内や外にある草木に水をやらなければならない。

もちろんこれは、氷山の一角にすぎない。このリストには、お金の支払いや子供に本を読んだり相手をしてやるといった、毎日のもっと基本的な雑用は含まれていないからだ。また子供が毎日三回ごはんを食べることや、それには食事の支度と後片づけが必要といったことも入っていない。また家の維持についての作業も入っていない。たとえば家のペンキ塗りが必要なことや、いくつもの電化製品やガーデニング用品が古くなっていて、修理や取りかえが必要なこと。また、芝刈りも毎週欠かせないことや、芝の生えていないところの雑草も抜かなくてはならないことも入っていない。数え上げればまだいくらでもあるが、私がなにを言おうとしているかは、もうおわかりいただけただろう。

ちょっと冷静になってみると、考えはじめたが最後、うんざりして気が狂いそうになるほどやることはたくさんある。すべてが片づくまでは休めないと考えはじめたら、人生はなんともつらく満たされないものになってしまう。小さい雑用と闘っていたら、その温床である家庭はすっかりイライラ、くよくよの場になってしまう。この問題を解決するには、闘うのをあきらめてそれに身を任せてしまうこと。すべてを解決するのは無理だが、とにかく自分にできるだけのことをすればそれでよしとしよう。できるかぎりのベストな状態といえば、すべての問題を広い視点で見て、なにが大切か優先順位をつけ、ユーモアのセンスを忘れないこと、それだけだ。言いかえれば、あなたには自分にできることしかできないのだ。

もう気がついてもらえただろう、すべての仕事を片づけられなくても、だからといって人生の敗北者というわけではない。絶対的な事実として、一つの仕事をやっているとき、それ以外の仕事はやっていないのだから。

さっそくそういう自分を許して、リラックスしよう。できることだけやって、あとは自分を責めないこと。そうすればきっといまよりずっと幸せに生きられるだろう。

●097●

# 家のガラクタを整理する

単純なテーマだが、考えてみる価値は充分ある。いくら単純に聞こえても、実行はたやすくない。大変な持続力がいるが、私自身、人生の中の不要なものを九十パーセント以上は取り除いてきたと思う。この努力によって私は家庭の中のつまらないことに煩わされないと同時に、楽に生きるための計り知れないものを得てきたと思う。ガラクタは、ほとんど毎日のように、いろいろなかたちで私たちの生活に入ってくる。それらのほとんどは不要品なのだが、家の中や心の中で場所を占める。わざわざ増やそうと努力したことがなくても、気がつくと私たちの周りは、つまらないガラクタの山でいっぱいになってしまい、なんとか片づけようと格闘するはめになる。なぜそんなことになってしまうのだろう。

それは、望むと望まざるにかかわらず、ガラクタは勝手に入り込んでくるからだ。少なくとも入ってくるのと同じ量を追い出す手段をこうじなければ、ガラクタが増えつづけて手に負えなくなる。多くの人はすぐ片づけるふりをするか、「いつかは必要になるかも」という例の罠にはまってしまう。この言い訳は、「大切なものがガレージ奥のダンボールの下に埋もれていたのを見つけて助かったことがあったっけ」といった一度か二度の出来事を思い出すことでさらに自信をつける。

　場所をとるもの、こちらの注意を混乱させたりイライラさせるもの、また実際に二度と使うことのないものはすべてガラクタだ。ダイレクトメールの山、紙くず、古新聞、電話帳、雑誌、不要な衣類やタオル、使い道のないもらい物。それに古自転車や健康器具、いらない材木、内容不明の領収書、いらなくなったカギ、一度も遊んだことのないオモチャ、古い手紙やその他の郵便物、読んでしまったか読む気のない本、記念品やその他のセンチメンタルな思い出の品々、見たくもないような装飾品、増えすぎた皿や鍋、銀製品などの食器や台所用品。数え上げたら、まるで天井までガラクタに埋めつくされているようだ。着たこともない洋服や、そもそも使うつもりもないガラクタでクロゼットがいっぱいという家を私はいくつも知っている。勇気を出して「どうしてなんでもとっておくのか?」と聞いてみると、たいてい「わからないけど、とりあえずいつもそうしているから」という答えが返ってくる。

　多くの人がガラクタをそのままにしてあきらめている理由は、たぶん不要なものがすっかり片づいたきれいな家というものを実際に経験したことがないからだろう。ほとんどの人は、自分と似たような親の家で育ってきているのだ。屋根裏を片づけるのは持ち主が死んだときか、引っ越しするにあたってしかたなく他人が片づけるときといったところだろう。

しかし、ガラクタのいっさいない家というのは、信じられないくらいスッキリして心が落ち着く。クロゼットを開けると、ちゃんと洋服を掛けるスペースがあるし、引き出しは無理をしなくてもすんなり開くし、探し物はなんでもすぐに見つかるし、なにもない広いスペースがある。机に向かうにも、そのとき椅子に座るにも苦労せず、机の上がなにかに埋もれていることもなく、住所録もパッと出る。キッチンの戸棚から お気に入りの鍋や鉄板はすぐに取り出せ、まるで深い森の中に分け入るように、鍋をあれこれ出してはもどしたりしなくてすむ。

ガラクタのない生活は、すっきりと整理され、よく管理されている。空間を感じる余裕がある。開放的な気分のおかげで気力が充実し、生活に押しつぶされるのではなく生活との一体感をもてるようになる。やり方は簡単だ。まずは引き出しや洋服ダンスをすっかりからっぽにしてみる。いらないものは使う人にあげるか、フリーマーケットやリサイクルの店に売ってしまう。それでも残ってしまったものは、すべて慈善団体に寄付する。読まない雑誌は定期購読をやめ、残った古雑誌はリサイクルに出す。思い出の品は、残したいものだけ「思い出の箱」一つにまとめて、それ以外は整理してしまおう。洋服もすべて点検する。持っているすべての洋服をこれからも着るだろうか？　答えが「ノー」なら、本当にほしいという人に着てもらう。節税のイメージで、衣服購入の新しいルールをつくることができないだろうか。たとえば二年間も袖を通さなかった衣服は、すぐだれかにあげてしまうというように。

こういう整理を実践した人たちは、その経験を通して多くの新鮮な発見をしている。この考え方を人生とうまくつきあうための処世術にしている人もいれば、純粋に生活を快適にするための習慣にしている人もいる。

私についていえば、いらないものをどんどん減らしていくなかで、本当に残そうと思ったものに対して強い愛着を感じるようになった。あなたにもぜひためしていただきたい。きっと喜んでもらえるはずだ。

# ●098● お楽しみは、少しおあずけに

このタイトルだけ見ると、家庭生活よりも仕事や貯蓄にふさわしい内容に思われるかもしれない。だがよく考えてみれば、家庭の問題にもあてはまるテーマだと気づかれるだろう。私自身この言葉を思い出すことで、何度も助けられてきた。

お楽しみやごほうびをおあずけにするというのは、あまり気の進まないことや、あきらめていたことをいまのうちにやってしまって、後からその報酬を得ることだ。いまの楽しみをちょっと後まわしにすると、後から自分にもどってくるメリットは、いま払う努力や代償にくらべてはるかに大きい。

子供とのつきあいを考えてみればわかりやすい。たとえばむずかる子供に、お願いだから昼寝をしてほしいと思っていたとする。しかしそれが夕方の五時だとしたら、昼寝はあきらめて、七時にベッドに入ってもらうほうが賢明だろう。いま昼寝させてしまったら、夜あなたがベッドに入りたいと思うころには、子供は元気いっぱいで目が覚めていて、たぶんあなたはぐっすり眠れなくなるだろう。この場合は、子供を寝かせたあとの静かなひとときというお楽しみを二、三時間おあずけにすることで、夜

眠らせてもらえない事態を避けられる。

あるいは、子供がアイスクリームや甘いおやつをほしがったとする。ほしがるたびにいつも甘いものを許していると、子供がわがままで聞き分けがなくなるからできれば与えたくない。そこでしばらく泣いても騒いでもほうっておいてがまんを覚えさせれば、先々わがまま放題な子供にならずにすむ。繰り返しになるが、楽しみやごほうびを少しだけ先送りにするのは、そのほうが後で得るものが大きいからだ。

先送りのメリットは、ほかにもいろいろな場面で考えられる。どうしても見たいテレビ番組があって、配偶者が「いま」あなたと話をしたがっているとき。その番組を見られないのは残念だが、テレビを消して相手の話をじっくり聞くほうが賢明だろう。目先のちょっとしたことをあきらめるだけで、相手の機嫌がよくなる。そうすれば夫婦の関係もよくなり、結果的に家庭も円満になる。

私の家庭では、私もクリスも疲れきっていて早く眠りたいのにキッチンが散らかっているような夜などに、このテーマが役にたっている。そういうときはいつもキッチンを片づけ終わるまでは眠いのをがまん——つまり眠りをおあずけにする。そうすることで、次の日きれいな家で朝を迎えることができる。クリスも私も休日に目が覚めたとたん、散らかったキッチンをがまんしながら一日をスタートしなくてすむのは快適だと思っている。こうして、少しだけ気分のいい一日を送ることができる。

お楽しみの先送りを少しずつ増やしていけば、あなたも家庭のつまらない問題に悩まされることがずっと少なくなるだろう。

## ●099● すべては通りすぎていく

私が救われる言葉に「これもまた過ぎ去っていく」というのがある。この言葉は日常のトラブルにも、人生で大きな悩みにぶつかったときにも役にたつ。

たとえばこう考えてみる。すべては現れ、また過ぎ去っていく。問題は起きても消えていく。休暇があっても、また仕事は始まる。風邪を引いても、やがては治る。小さな傷なら、そのうち消える。楽しみにしていたイベントも、いつかは終わってしまう。フットボールの試合を待ち望んでいても、終わった翌日にはもう来シーズンのことを考えている。この格言にはいろいろなパターンがあてはまる。実際この考えは、心穏やかな人生を送るためのベースになりうる。すべてのものには、それが起きる時期やタイミングや場所がある。永遠に続くものはないと考えることで、苦しいときにも冷静な見方ができるようになる。つらいことでも、それはいつか通りすぎていくものだと考えることで、それを乗り越える希望や自信がわいてくる。

小さな子供がいると「もうゆっくり眠れる日もなくなる」と考えてしまいがちだ。そういうことにも終わりがあると思わなければ、あっというまに子育てにうんざりして、希望をなくしてしまう。眠れない夜が永遠に続くように感じられ、そら恐ろしい気分になり、希望を失い、それだけにとらわれてくじけてしまう。

しかしあらゆることと同じように、いつかは終わりが来る。そこでたとえば「もう一人の赤ん坊」といった、また別の試練と出合うことになる。人生の試練も全く同じだ。大変な危機にぶつかって乗り越えるなんてできないと感じても、あなたはどうにかして方法を見つけるだろう。夫や妻と大ゲンカをして、ぜったいに許せないと相手をののしることがあっても、最後にはやはり愛していると気がつく。大変な忙しさの真っただ中にあって、もうこれ以上がまんできないと思っても、そのうちにスケジュールは平常の状態にもどる。そんなことを何度も繰り返し、私たちは闘いながら前進するのだ。

人生を振り返ってみると、すべてが訪れては通りすぎていくものだとよくわかる。春夏秋冬、喜び悲しみ、ほめられることと非難、つらいことと楽しいこと、休養と疲労、達成と混乱、その他もろもろ。こうしたものごとの流れに気がつくと、難しい状況にあるとき、過去を振り返るときだけでなく困難な状況にあるとき、純粋な自由と幸福が訪れるようになる。混沌《こんとん》の中にあっても、正しい目をもちつづけられるようになる。すべてのことは訪れ、過ぎ去っていくと思うことで、人生のどんな場面においても、正しくものを見る目と、開かれた心、ユーモアのセンスを保てるようになる。

悩んだとき、ストレスを感じたとき、心を煩わすものがあるとき、その他どんなことでもひどく苦しい状況におちいったとき、このテーマを思い出してほしい。人生は短く、幼い子供もいつか成長し、いまは若い私たちも、いずれ老いていく。私たちはそれらを通り抜けていくのだ。

感謝の心をもち、くじけずに生きていくためのもっともいい方法は、いいことも悪いこともすべては通りすぎていくと思い出すことだ。

## ●100●
# 家族もまた、一期一会

いつでも本の結びというのは難しい。『小さいことにくよくよするな!』の最後は、「今日が人生最後の日だと思って暮らそう」だった。ふだん気がつかずにいるが、今日という日は、本当に最後の一日かもしれないのだ。私はこの本のしめくくりも、家族を考えたものではあるがそれに近いテーマで結ぶことにした。つまり、あなたの家族やもっとも愛する人たちに会うのは、これが最後と思って接してみよう、という提案だ。

「さようなら」や「行ってきます」も言わずに、玄関を飛び出してしまったことが何回あるだろう。あるいは、もっとつまらないことを言ってしまったり、お別れのときに批判的な言葉を残してしまったことはないだろうか。いつでも会えるからと思って、いちばん愛する人や大切な人をどれだけないがしろにしてきただろうか。明日でもいつでもやさしくできると思っているし、その明日も必ず来るものだと思っている。でも、それが賢明な生き方といえるだろうか。

何年か前、私の祖母のエミリーが亡くなった。そのころは会いに行くたびに、これが最後になるかもしれないと思っていた。訪問は毎回とても大切な、特別な機会になった。別れ際のさよならは、心からの愛情と感謝と反省の気持ちでいっぱいだった。振り返れば、すべての瞬間がすばらしく、愛情に満ちた時間だった。

私たちの毎日の生活も、こんなすばらしいものにできるかもしれない。毎日の出会いを、これが最後の機会と思う訓練をしてみよう。なにかの理由で、いま会っているのを最後に家族と二度と会うことができないと想像してみる。もしそれが本当だとしたら（実際それは起こりうることだ）、いまとまったく同じように考えたりふるまったりするだろうか。親や子供、きょうだい、配偶者や恋人に、その人の行動や性格上の弱点や欠点、足りないところを思い出させるような言葉を投げたりするだろうか。最後に自分の人生がこんなふうじゃなければよかったなどと、グチや悲観的な言葉を口にするだろうか。たぶんそうではないだろう。

おそらく、これが最後に会う機会だと考えたら、ちょっと時間をとって温かい抱擁とさよならの言葉を贈るだろう。「じゃあ、また」というお決まりのあいさつのかわりに、やさしい言葉やあなたの愛を伝える言葉を贈るだろう。これでもうお別れと思ったら、あなたの家のティーンエイジャーの子供たちや、きょうだいや、義理の両親や、または夫や妻に会って、いつもとはちがうやさしさや愛情深さをもって接するだろう。大急ぎで去っていくのでなく、微笑みながら、その人のことをどんなに大切に思っているかを語るだろう。そのときもっとあなたの心は、相手に向かって開かれているはずだ。

怖がらせようとしているわけではない。あなたの家族がどんなにすばらしいか、彼らと一緒に生きていけなくなったらどんなに寂しいか考えてみてほしいだけなのだ。

私の場合、このアイデアを実行するようになって、人生のもっとも大切なものに対する見方が変わった。きっとあなたにも家族への忍耐と愛情をもたらすはずだ。なによりあなた自身が、家庭や家族の小さいことに悩んだり、くよくよしなくなるだろう。

# 訳者あとがき

今年の四月、『小さいことにくよくよするな！』のプロモーションのために初来日したカールソン夫妻と会う機会を得た。訳しながら想像していたとおり、二人ともじつに穏やかでハッピーな方々で、そばにいるだけで心の広さと豊かさが伝わってきた。経団連会館で開かれた彼の講演も聞きに行ったが、「人前でスピーチしようとして二度も失神した」人とは思えないほどの落ち着きがあり、話のはしばしに天性のやさしさとユーモアが感じられた。

いつも著書に登場する「妻のクリス」は茶目っ気あふれる快活な女性で、元はグラフィック・デザイナーとして活躍した敏腕キャリア・ウーマンだというが、映画女優のゴールディ・ホーンを思わせるかわいい人だった。

夫妻と親しく話をさせていただいたことで、彼らが「いかにストレスを減らしてハッピーに生きるか」のヒントを日常の暮らしのなかで思いつき、同時に家族みんなでそれをできるかぎり実践していることがよくわかった。

本書『小さいことにくよくよするな！②』は、家族をテーマに取り上げているが、どの著書にも共通するように、広い意味での人間関係の知恵がちりばめられている。

配偶者、親子、兄弟姉妹、義理の両親など自分にいちばん近い人たちとの関係をもっとよくする方法が、いつものように具体的な例と提案でわかりやすく説明されている。家族関係は社会の基盤となる人間関係だから、これをおろそかにしては外の人間関係もうまくいかないだろう。

私は本書を訳しながら、「もっと早くこれを読んでいれば……」と何度も思った。いや、いまからでも遅くはない。豊かな人生を送るためのヒントがいくつもあるではないか。なかでも、「思いやりの時間をつくる」とか「家のガラクタを整理する」、「仕事の量を大げさに言わない」などは私のために書かれたような気がする。たぶん読者のみなさんもそれぞれに思いあたるヒントや提案が見つかるはずだ。百項目は多いと思われるかもしれないが、自分で「うん」とうなずける項目をいくつか心にとめておくだけでも、長い人生のなかでちょっとしたちがいが必ず出てくると思う。

おもしろいのは、「『愛してる』と言うチャンスを逃がさない」という項目だ。アメリカ人は私たちとちがって、「アイラブユー」を言う習慣があると思っていたが、なんのことはない、ほとんど口にしたことがない人が大勢いるというのだ。そう考えてみると、本書は「ストレスを減らして幸せに生きるための本」という以外にも、「アメリカ人がもっとよくわかる本」という側面をもっている。たしかにアメリカ人の実際の家庭・家族・親子関係がこれほどよくわかる本もないだろう。

最初の『小さいことにくよくよするな!』から姉妹編の『お金のことでくよくよするな!』、そして第三作の本書に貫かれているカールソン節《ぶし》に、私はどうやらすっかりはまってしまったようだ。本書もまた第一作と同じように世代を超えた多くの方々に愛読されるよう願っている。

今回も、サンマーク出版の青木由美子さんをはじめ、さまざまな感想を寄せて励ましてくれた多くの友人に、心から感謝している。

一九九九年六月

小沢瑞穂

Don't Sweat The Small Stuff with your family
by Richard Carlson, Ph. D.

Originally published by Hyperion, New York.
Japanese translation rights arranged with Richard Carlson
℅ Linda Michaels Ltd., International Literary Agents, New York
through Tuttle-Mori Agency, Inc., Tokyo.

**リチャード・カールソン**
心理学者。ストレス・コンサルタント。ユーモアにあふれ、率直でわかりやすく、しかもだれにでも実践できそうな「くよくよしない」ヒントを提唱。彼の主張は多数の著作やテレビ出演、講演活動などを通じて広がっている。北カリフォルニアに妻と二人の娘とともに住む。

**小沢瑞穂（おざわ　みずほ）**
東京生まれ。翻訳家。主な訳書に『小さいことにくよくよするな！』『お金のことでくよくよするな！』（小社刊）、『父と娘の秘密の法則』（エリザベス・フィシェル著／朝日新聞社）、『ミュータント・メッセージ』（マルロ・モーガン著／角川書店）、『私は生まれる――見知らぬ大地で』（エイミ・タン著／角川書店）、著書に『やっとひとり』（晶文社）がある。

小さいことにくよくよするな！②
1999年6月25日　初版印刷
1999年7月15日　初版発行
著者　リチャード・カールソン©
訳者　小沢瑞穂©
発行人　植川惠一
発行所　株式会社サンマーク出版
東京都新宿区高田馬場2-16-11ＳＬＣビル５Ｆ
発売元　株式会社サンマーク
東京都新宿区高田馬場1-32-13
サンマークビル☎(03)5272-3166
印刷　共同印刷㈱
製本　㈱若林製本工場
ISBN4-7631-9254-X C0030
ホームページ　http://www.sunmark.co.jp/